CÓMO ENVIAR 100
MISIONEROS

UNA GUÍA PASO A PASO PARA FORMAR Y LIDERAR UNA AGENCIA MISIONERA

DAVID A. MATTHEWS

100misioneros.com

Para pedir permisos, contactar a la publicadora en 100misioneros@reflejo.org

Tapa Blanda: ISBN 979-8-9890836-0-2
Kindle: ISBN 979-8-9890836-1-9
PDF: ISBN 979-8-9890836-2-6

Editado por: Cindy Cunningham
Diseño Interior por: Hmdpublishing

Publicado por: Reflejo Publishing House
reflejo.org

¡Hola!

Si alguien te ha enviado una copia de este libro y no lo has comprado o descargado directamente de nuestra página, ¡estoy feliz de que lo tengas, y espero te sea muy útil!

PERO TE QUIERO PEDIR UN FAVOR. Nuestro equipo y socios quieren saber el alcance que este libro tiene y nos gustaría tener tu contacto para conocerte y compartir otros recursos contigo que te podrían ser relevantes.

Así que lo único que te pido es que vayas a la página 100misioneros.com/descarga-gratis y te registres para que podamos celebrar juntos el impacto que este libro tendrá en tu ministerio.

¡Gracias!

A los pocos valientes que aceptarán este reto:
¡Espero emocionado ver cómo cambiarán el mundo!

CONTENIDO

Capítulo 13.

AGRADECIMIENTOS

Escribir este libro ha sido una linda oportunidad de recordar varias instancias en los últimos años donde por la gracia de Dios y la ayuda de otros he podido ver partes de nuestra agencia desarrollarse de una manera que supera cualquier esfuerzo que podría haber hecho individualmente. Esta necesidad de apoyarme en otros también fue evidente durante la redacción, edición, y publicación de este libro.

Sin la gracia de Dios en Jesús estaría eternamente perdido, y quiero comenzar por agradecerle a Él por salvarme, por invitarme a ser parte de Su historia de amor a la humanidad a través de las misiones, y por siempre ser fiel en proveer recursos, oportunidades, y un equipo increíble.

También quiero agradecer a mi esposa Sarah por tu fe monumental y apoyo inagotable tanto en dar juntos el salto de formar Reflejo como en toda tu ayuda en la revisión de este libro.

Otra persona que fue esencial a este proyecto es Cindy Cunningham, gracias por todas las rondas de revisión, edición, y por encontrar más errores ortográficos de los que pensé que existían en el español.

También quiero agradecer a Fabian Leiva y Onésimo Feliz por leer el borrador de este libro y proveer sugerencias en áreas que faltaban completar.

A los miembros y voluntarios de Reflejo y sus ministerios, gracias por la valentía en sumarse a esta aventura para descubrir juntos qué es lo que Dios quería hacer a través de Reflejo y por su flexibilidad en dejarme aprender cómo liderar una agencia sobre la marcha.

A todos los socios que apoyan a mi familia, a nuestra organización y a sus obreros, gracias por ser obedientes a Dios e invertir en Reflejo, especialmente gracias a aquellos que invirtieron en sus inicios confiando incluso antes de que hubiera resultado alguno.

A todos aquellos intercesores que luchan espiritualmente por nosotros, su acompañamiento y cobertura espiritual para mi familia y por la organización; son invaluables.

¡Gracias!

01

INTRODUCCIÓN

Aún recuerdo dónde estábamos sentados, en mi oficina (realmente era un cuarto extra con un escritorio pequeño) en nuestro departamento, cuando miré a Sarah, mi esposa, y le dije: "Creo que deberíamos iniciar una agencia misionera."

Ella me miró preocupada, pensando lo mismo que yo: los candidatos que nos buscaban, querían ir a lugares como Afganistán. Si creáramos la agencia que eventualmente los enviaría, seríamos responsables por su preparación, envío, acompañamiento y seguridad en el campo entre otras cosas; una gran responsabilidad, una que no queríamos asumir a la ligera.

Esto fue el inicio de varias conversaciones largas con ella y con otros mentores. Fue una decisión que requirió mucha oración y discernimiento antes de que finalmente decidiéramos formar Reflejo.

Así que quieres comenzar una agencia

Hay muchas razones por las que puedes haber decidido comenzar una agencia misionera. Tal vez eres el líder de misiones en una iglesia donde un joven te ha expresado un llamado misionero y quieres enviarlo responsablemente. Puede ser que estés en el equipo de liderazgo de una denominación que se ha dado cuenta de que no tienen una estructura interna para enviar obreros que salen de sus iglesias y desean tenerlo. O tal vez, eres un misionero con experiencia en misiones que ha visto la necesidad de ver a más misioneros yendo al campo donde has invertido tantos años y quieres ayudar a candidatos jóvenes a llegar ahí aprovechando toda la experiencia que has recolectado a través de años o décadas en el campo.

Sin embargo, lo que sí sabes es que si no respondes al llamado, muchos obreros que tu agencia podría enviar al campo no saldrán. Y todas esas personas con las cuales cada obrero hubiera compartido el evangelio, no lo oirán. Esta agencia misionera es necesaria, ¡es imperativa para el cumplimiento de la Gran Comisión!

¿Pero por dónde iniciar? ¿Cómo se forma una agencia misionera? ¿Formas primero un equipo de liderazgo o buscas obreros? ¿Cuáles son los departamentos de una agencia y cómo debes darles forma? ¿Qué haces el primer día? ¿Cuáles son los retos con los cuales te vas a enfrentar y cómo debes prepararte?

Con todo el potencial por delante, pero sin saber cómo iniciar, tu futura organización se parece a un tren detenido. Si a un tren detenido le pones una madera en frente que atore las ruedas, no va a poder moverse. Y estas interrogantes que no sabes navegar son como pequeñas maderas que debes remover para poder avanzar.

Sin embargo, una vez sobrepases estos obstáculos iniciales, tu agencia puede ser como un tren en movimiento. Puedes ponerle una pared enfrente y no lo va a detener.

Cada organización da los resultados acorde a lo que está diseñada para producir (Hanna, 1988). Y si formas una agencia misionera con buenos cimientos y buenos sistemas, va a ser una herramienta que Dios podría utilizar para mover a su iglesia a actuar en obediencia a la Gran Comisión, producir mucho fruto y brindarle gloria entre las naciones. El impacto que tenga tu agencia puede continuar aún después de que tú personalmente dejes de estar involucrado.

Qué aprenderás

Este libro te acompañará en el proceso de formar tu agencia desde el primer día, hasta tener una estructura establecida que crece orgánicamente.

También, vamos a explorar la importancia de las agencias misioneras para cumplir la visión de Dios y explorar diferentes modelos contigo.

Después, exploraremos cómo clarificar a detalle la visión y el enfoque que Dios le está entregando a tu agencia misionera y así podrás impulsar a otros a ver tu visión y sumarse a tu equipo.

Vamos paso por paso a entender cómo movilizar a nuevos candidatos, evaluar si deben ser parte de tu agencia, entrenarlos, enviarlos y cuidarlos durante y después de su tiempo en el campo. Y vamos a estudiar cómo estructurar los diferentes departamentos de la agencia para navegar este proceso.

Asimismo, exploraremos otras áreas de la organización menos visibles, pero muy importantes como recursos humanos e informática y veremos la importancia de formar cada uno de estos departamentos.

Entenderemos cómo funciona la personería jurídica y el motor económico de una agencia y cuáles son las estructuras necesarias para mantenerla. Exploraremos prácticas idóneas referentes a cómo formar tu primera junta directiva y cómo organizar tu cuadro organizacional. Además, vamos a explorar en qué áreas es relevante que tengas políticas o posturas claras como organización y por qué.

Continuaremos evaluando la importancia que el liderazgo de una organización tiene sobre ella y descubriremos cómo identificar a líderes de alto potencial y desarrollarlos para que su capacidad crezca a la par de tu agencia.

Después de esto, te compartiré los retos que puedes enfrentar a distintos tamaños de la organización, algunos atajos que te pueden ayudar a crecer más rápidamente y cómo evitar obstáculos en el camino.

Con todo esto en tu caja de herramientas, estarás listo para comenzar el proceso que muchos futuros misioneros están esperando:¡la formación de tu agencia misionera!

Por qué este libro

Cuando Dios me llamó a formar una agencia misionera, no tenía ni idea por dónde comenzar. Me sentía como Abram cuando Dios le dijo que fuera a la tierra que le iba a mostrar. Tenía muchas preguntas y lo único de lo que estaba seguro es que no sabía el camino.

Para ese entonces, por la gracia de Dios (y solo por la gracia de Dios), ya había establecido un ministerio de movilización internacional que tenía una lista larga de candidatos que habían escuchado un llamado al campo misionero. Y sabía que ellos estaban esperando que les mostrara el camino, un camino que yo no conocía.

En esa época, me hubiera encantado tener un mapa que me ayudara a navegar los próximos años ministeriales para formar la organización.

Ahora, cuatro años después, a través de mucha investigación, oración, discernimiento, pandemia, errores y victorias, puedo celebrar que Dios ha sido bueno con la agencia que comencé: Reflejo.

En los últimos años, Reflejo pasó de ser un sueño a convertirse en una realidad. Hoy en día (2023) contamos con más de 30 miembros en la agencia y 200 voluntarios distribuidos a través de 19 países. Reflejo cumple plenamente las funciones de una agencia al reclutar, evaluar, entrenar, enviar y cuidar a obreros en el campo. En nuestro caso, estamos enfocados en servir a los no alcanzados en contextos donde el evangelio y los misioneros no son bienvenidos.

Y ahora, quiero compartirte lo que he aprendido. No porque soy un experto, sino porque mientras más aprendo del campo misionero, más me doy cuenta de que hay demasiado aún por hacer y muy pocas organizaciones en la obra misionera en comparación.

Mientras más aprendo del campo misionero, más me doy cuenta de que hay demasiado aún por hacer y muy pocas organizaciones en la obra misionera en comparación.

Así que no puedo esperar a tener todas las respuestas o ser un experto para compartirte esto. La visión que Dios te ha dado de una nueva agencia misionera, ¡la necesitamos ya! Hay demasiados no alcanzados pereciendo cada día sin oír el evangelio.

En este libro, simplemente comparto mi experiencia y espero que te sirva para que la primera etapa de tu agencia establezca una fundación firme para un ministerio amplio, profundo y duradero.

Una clarificación

Este libro está desarrollado para poder explicar el proceso de establecer y crecer una agencia misionera desde su génesis hasta su crecimiento a un tamaño mediano. La mayoría de las agencias y estructuras de envío en América Latina hoy en día son pequeñas.

Si al leer las próximas secciones piensas: "no queremos tener una agencia tan amplia," no te preocupes. Agencias pequeñas, especializadas en diferentes áreas, juegan un rol importante en la misión de Dios. Igualmente, quiero mostrarte el camino adelante para que puedas tomar esa decisión de una manera intencional.

Si tu reacción es: "deseo que mi organización crezca, pero nunca podremos llegar al nivel descrito," entiendo tus reservas. Yo me sentí así en varias etapas del proceso, tómalo un día a la vez. Donde he cometido más errores yo, fue cuando intenté crecer la organización demasiado rápido. No leas este libro e intentes implementar 30 cosas distintas mañana. No recuerdo quién dijo este refrán, pero es muy cierto sobre el liderazgo:

"El líder introduce cambio solo a la velocidad que su organización lo puede aguantar."

Si tu equipo o tus finanzas no están listos, ten paciencia, confía en Dios, deja que Él te sorprenda.

Otra clarificación que quiero hacer es que, por temas de brevedad, me enfoco solamente en las áreas prácticas de la formación de una agencia. Durante el libro no resalto mucho la importancia de cómo tus disciplinas espirituales y discernimiento deben informar cada decisión. Por eso quiero clarificar acá desde el comienzo: tu capacidad de liderar a tu agencia está exclusivamente conectada a tu capacidad para escuchar a Dios clara y directamente guiándote. Y tu capacidad para escuchar a Dios de esta manera, solo proviene de un caminar íntimo con Él en obediencia, integridad, discernimiento y disciplinas espirituales que te lleven tanto a hablar como a escuchar a Dios constantemente. Sin esta intimidad, no tienes la autoridad espiritual para guiar a otros en los propósitos de Dios.

Para tener un lenguaje más simple en estas páginas, en el libro me refiero a "tu" agencia misionera. Quiero que quede claro que todas las agencias misioneras le pertenecen a Dios y Él debe ser el que dicta la dirección e informa todas las decisiones. Si comienzas a olvidar este principio en algún momento, solo tendrás tres opciones: arrepentirte (realinearte con Dios), renunciar o aceptar que estás en el principio del final de la agencia.

Tu capacidad de liderar a tu agencia está exclusivamente conectada a tu capacidad para escuchar a Dios clara y directamente guiándote.

02

LA AGENCIA MISIONERA: UNA ESTRUCTURA LEGÍTIMA

Puede que hayas escuchado un rumor de que las agencias misioneras no son necesarias, que, si la iglesia local cumpliera su tarea misionera correctamente, las agencias se volverían irrelevantes.

Tal vez alguien te ha contado como emigrantes cristianos de un país van a otro por trabajo o educación y acaban teniendo frutos en las áreas de evangelismo y discipulado. También, seguramente has escuchado de empresarios que independientemente pueden reubicarse a otro país para abrir un pequeño negocio sin necesidad de una agencia misionera.

Muchos dicen que la agencia misionera es, o pronto va a ser, irrelevante.

Muchos están equivocados.

Ralph Winter, el misionólogo que desarrolló la terminología de pueblos no alcanzados, describe qué tan común es este error de la siguiente manera:

> *Muchos dicen que la agencia misionera es,*
> *o pronto va a ser, irrelevante.*
>
> *Muchos están equivocados.*

"Es asombroso que la mayoría de los misioneros protestantes...
han estado ciegos a la importancia de la estructura misma
dentro de la cual han trabajado. En esta ceguera, simplemente
han plantado iglesias y no se han preocupado efectivamente por
asegurarse de que el tipo de estructura misionera dentro de la
cual operan también se establezca en el campo."
– Ralph Winter en su artículo: "Las Dos Estructuras de la
Misión Redentora de Dios" (Winter, 1973)

Antes de hablar de cómo formar una agencia, vamos a tomar un tiempo para explorar por qué las agencias misioneras son estructuras legítimas y necesarias. Más allá aún, espero poder comunicarte que las agencias misioneras son parte de una categoría llamada sodalidades que son una parte crucial de la iglesia global y que, sin ellas, la iglesia está incompleta y no puede cumplir su misión plenamente.

APEPM

Te invito a reflexionar en el siguiente pasaje conmigo:

> [11]*Él mismo constituyó a unos como apóstoles; a otros, profetas; a*
> *otros, evangelistas; y a otros, pastores y maestros,* [12]*a fin de*
> *capacitar al pueblo de Dios para la obra de servicio, para edificar*
> *el cuerpo de Cristo.* [13]*De este modo, todos llegaremos a la unidad*

de la fe y del conocimiento del Hijo de Dios, a una humanidad perfecta que se conforme a la plena estatura de Cristo.
- Efesios 4:11-13 NVI

En el versículo 11, Pablo describe cinco perfiles ministeriales distintos. Los cinco perfiles son apóstol, profeta, evangelista, pastor y maestro. El acrónimo "APEPM" es utilizado para referenciar estos cinco perfiles.

En el versículo 12 vemos que el propósito de APEPM es el de poder (1) capacitar al pueblo de Dios para la obra de servicio y para (2) edificar al cuerpo de Cristo.

Puesto de otra manera, estos cinco perfiles cumplen dos funciones:

La primera función está enfocada en capacitar, que incluye ambos, entrenar y desarrollar capacidad en el pueblo de Dios (la iglesia global) para cumplir la obra de servicio (la Gran Comisión). El rango de herramientas, fortalezas y temperamentos en estos cinco perfiles es necesario para cumplir la Gran Comisión de expandir el reino de Dios entre todos los grupos étnicos formando discípulos, bautizándolos y enseñándoles a obedecer a Dios en todo, lo cual implica multiplicarse. Esta función se enfoca en la expansión de la iglesia global en una ofensiva espiritual para ganar almas para el reino.

La segunda función es la de edificar el cuerpo de Cristo (otro término para la iglesia global). Edificar significa construir y reforzar. Los cinco perfiles son necesarios para discipular, guiar y reforzar a la iglesia global ya establecida. Esta función es una defensiva espiritual que protege y fortalece a las almas que ya son parte del reino de Dios.

El versículo 13 continúa guiándonos en clarificar en más detalle cuál es el destino al que Dios nos guía en cumplir estas dos funciones. Si entendemos y aprovechamos la diversidad de los cinco perfiles de APEPM, podremos cumplir las dos funciones al (1) ganar terreno para el reino de Dios en aquellos lugares aún no alcanzados y (2) reforzar y proteger el cuerpo de Cristo donde la iglesia ya está establecida.

Al hacer ambas cosas, eventualmente, todos (cada tribu, pueblo, lengua y nación) llegaremos a la unidad de la fe y conoceremos a Jesús y, a través de Él, seremos santificados.

Esta es la misión de Dios, y para cumplirla, necesitamos aprovechar los beneficios que trae cada uno de los cinco perfiles de APEPM. Esto nos lleva a la pregunta, ¿cómo funcionan los cinco perfiles?

1. **Apóstol:** Los apóstoles son visionarios y líderes de movimientos, llamados a establecer nuevas iniciativas y expandir la influencia del Evangelio en lugares no alcanzados. Trabajan en la fundación de iglesias y la formación de líderes, generando un ambiente de innovación y multiplicación. La palabra apóstoles con "a" minúscula (en contraste a los 12 Apóstoles que conocieron a Jesús cara a cara) es utilizada como una traducción de la palabra griega ἀπόστολος (apostolos), que significa "enviados." Su contraparte en latín, *mitto*, es de donde surge la palabra "misionero." Esta palabra es utilizada para describir a varios misioneros en el nuevo testamento como Bernabé, Timoteo, Tito, Priscila y Aquila entre otros.

2. **Profeta:** Los profetas son mensajeros inspirados por Dios, que exhortan y confrontan la complacencia espiritual, explicando verdades divinas y llamando a la santidad. Su discernimiento espiritual y perspicacia profética guían a la comunidad en su búsqueda de la verdad y la justicia. Mientras los apóstoles se enfocan en ir a los no alcanzados, los profetas sienten una carga por segmentos de su comunidad marginalizados o ignorados por la iglesia o la comunidad en general.

3. **Evangelista:** Los evangelistas son apasionados por compartir el mensaje de salvación en Cristo, comprometidos en alcanzar a los perdidos y llevar a las personas a una relación transforma-

dora con Dios. Su energía contagiosa y capacidad de conectar con diversas personas los convierte en efectivos comunicadores del Evangelio.

4. **Pastor**: Los pastores son cuidadores compasivos y guías espirituales que nutren y edifican a la comunidad a través del cuidado pastoral, el discipulado y la enseñanza. Su corazón por las personas y habilidades en el cuidado personal fortalecen la unidad y el crecimiento espiritual.

5. **Maestro**: Los maestros son comunicadores dotados de un profundo entendimiento de la Palabra de Dios, que transmiten conocimiento y verdad bíblica de manera clara y coherente. Su enfoque en la enseñanza y el desarrollo de la comprensión teológica nutre la formación espiritual y el crecimiento intelectual.

Como podrás intuir en la descripción de los cinco perfiles, los apóstoles (enfocados en los no alcanzados) y los profetas (con una carga por los marginados) se enfocan primariamente en expandir el reino de Dios (función 1) mientras los pastores (con un corazón de cuidar y nutrir) y los maestros (con un deseo de enseñar) edifican al cuerpo de Cristo (función 2).

Los evangelistas tienen un pie en ambos lados ya que buscan expandir el reino de Dios compartiendo el evangelio con personas que aún no conocen a Cristo, pero generalmente, lo hacen en contextos donde rápidamente pueden conectarlos con una iglesia local y reforzar a la iglesia numéricamente al invitar a nuevos creyentes.

Modalidad y sodalidad: Las dos expresiones de la iglesia global

No sabría decirte la cantidad de sermones donde he escuchado el famoso dicho: "La iglesia no es el edificio, la iglesia son las personas." Seguramente tú lo has escuchado muchas veces también, es posible incluso que hayas utilizado este dicho en algún momento al predicar, enseñar o discipular a un nuevo creyente.

Pero esta realidad nos lleva a considerar algunas preguntas seriamente. Sabemos que somos iglesia cuando nos congregamos un domingo para adorar a Dios y escuchar una predica. Qué hay de un grupo de misioneros en un país lejano reunidos un miércoles para dar comida a los hambrientos, ¿ellos son iglesia? ¿Y es iglesia un seminario donde un maestro comparte enseñanzas bíblicas con un grupo de estudiantes preparándose para una vida ministerial?

Entendemos que las personas no dejan de ser iglesia, pero los seminarios y equipos misioneros son distintos en función a la iglesia local. Es en esta dirección que el teólogo Ralph Winter popularizó los términos "modalidad" y "sodalidad" para ayudarnos a explicar la iglesia en su expresión organizacional enfocada en las dos funciones distintas que vimos en Efesios 4:12. Ralph Winter nos explica que la modalidad es la expresión de la iglesia donde todas las personas que toman una primera decisión (de entregar su vida a Cristo) son bienvenidas y pertenecen. Una sodalidad, sin embargo, está incorporada de unas cuantas personas que han tomado una segunda decisión (hacia el ministerio vocacional).

La **modalidad** describe principalmente la iglesia local enfocada en cumplir la segunda función de Efesios 4:12– edificar al cuerpo de Cristo. No debería ser sorpresa que expresiones de la iglesia donde los pastores y maestros sobreabundan caigan bajo esta categoría. Una persona con don pastoral puede facilitar un grupo de estudio bíblico, liderar un grupo de jóvenes o incluso ser el pastor titular de una iglesia local. Una persona con un perfil de maestro puede, entre otras cosas, enseñar una clase dominical, o ser un profesor en un centro de formación bíblica o un seminario. La función de todas estas estructuras es la de edificar el cuerpo de Cristo ya establecido (función 2).

La **sodalidad** se enfoca en la primera función de Efesios 4:12, el de expandir el reino de Dios donde aún no está establecido. Una persona con el perfil de profeta trabajando en un ministerio local para compartir el evangelio con indigentes, drogadictos o prostitutas se encuentra con dinámicas y ritmos muy distintos a los de una iglesia local o estudio bíblico. Mientras en la modalidad, las personas primariamente vienen a ti (se congregan en un edificio o casa), en la sodalidad una persona sale de su zona de comodidad y va a buscar a los perdidos.

Este es también el caso de los apóstoles cuando son parte de un equipo o una agencia misionera. Estas estructuras sodales son distintas a la modalidad y cumplen una función diferente a la de la iglesia local, pero de igual manera son expresiones plenas y legítimas de la iglesia global. Al fin y al cabo, cada una de estas estructuras describe al pueblo de Dios viviendo en comunidad para cumplir los propósitos de Dios en obediencia.

Si aprendemos algo de Efesios 4:11-13 es que, para cumplir nuestra misión, es necesario tener los cinco perfiles plenamente empoderados y activos. Estos cinco perfiles se organizan alrededor de dos funciones, cada una correspondiendo a las estructuras de la modalidad y la sodalidad.

De hecho, a través de la historia, los momentos donde más progreso misional ha ocurrido han sido cuando miembros de modalidades y sodalidades entendían bien a APEPM, las dos funciones, el rol de la modalidad y la sodalidad y trabajaban juntos para el cumplimiento de la Gran Comisión.

Un punto más a clarificar es que su participación en una sodalidad (ministerio, agencia misionera, etc.) no exonera a ningún creyente de su responsabilidad de vivir en *koinonia* con otros creyentes edificando y siendo edificado en el cuerpo de Cristo y, por lo tanto, su participación en una modalidad es necesaria.

Para mantener el libro enfocado en el ámbito táctico de cómo desarrollar una agencia misionera, no voy a continuar profundizando en extrapolar la justificación bíblica e histórica de las sodalidades, su legitimidad y el impacto que tienen en el reino y la misión.

Si este es un tema que te interesa explorar más (y sobre todo si no estás completamente de acuerdo aún, te animo que lo explores a más profundidad). Te invito a leer un libro excelente que profundiza en esta área: Sam Metcalf escribió *Más Allá de la Iglesia Local* y puedes encontrar este libro, traducido al español, de forma gratuita, en nuestra página de Reflejo yendo a reflejo.org/es/recursos.

03

LOS DIFERENTES
TIPOS DE AGENCIA

Es probable que el modelo de agencia que vas a formar ya esté fijo. Esto generalmente ocurre porque es parte del contexto en el que decidiste formar una agencia.

Por ejemplo, si estás buscando información porque el liderazgo en tu denominación quiere saber cómo enviar obreros directamente, estás buscando formar una agencia denominacional.

Y de la misma manera, si has llegado a la conclusión de que debes formar una agencia misionera y el proceso de esta decisión ha sido independiente de la denominación a la que perteneces (asumiendo que perteneces a una), va a ser muy extraño que, en el proceso, la denominación quiera oficializar a tu agencia como la agencia oficial de la denominación (una alianza estrecha sí sería posible). Y en caso de que fueran a hacerlo y aceptaras, lo más probable es que rápidamente perderías el control operativo de la organización y serás reemplazado por un liderazgo designado por la denominación.

Sin embargo, sea cual sea el modelo de tu agencia, es bueno que te familiarices con los distintos modelos ya que es muy probable que durante tu jornada ministerial vayas a colaborar con distintas organizaciones en cada una de estas categorías.

Agencia denominacional

Una agencia denominacional es, en su explicación más simple, una agencia dirigida por una denominación. Esta agencia se ve a sí misma como un brazo o rama de la denominación a la que pertenece y opera bajo su cobertura. Esto tiene varias implicaciones para la agencia y, en varios casos, para la denominación.

Uno de ellos es la postura teológica y dogma de la organización. La organización adopta al 100% la postura de la denominación y la declaración de fe de la organización es la suya.

Es posible que la agencia denominacional envíe solamente a obreros que surjan de su denominación, pero esto no siempre es el caso. Ciertas agencias denominacionales han tomado la postura de considerar a candidatos de otras denominaciones siempre y cuando se alineen con su declaración de fe y operen bajo sus preferencias teológicas y ministeriales. Sin embargo, lo más probable es que al movilizar proactivamente, se enfoquen en su denominación primariamente.

De la misma manera, es muy probable que la mayoría o la totalidad del sustento económico de la organización dependa de la denominación misma. En algunos casos esto significa que la denominación levanta fondos para misiones de todas sus iglesias y los distribuye a la agencia misionera para financiar sus operaciones. En casos más extremos, la agencia misionera no tiene una personería jurídica o estructura fiscal independiente de la denominación con la cual tenga autonomía sobre sus propios fondos. Al ser este el caso, la agencia puede operar más como un departamento de misiones que como una agencia.

En otros casos, la agencia tiene el visto bueno del liderazgo denominacional para contactar a todas las iglesias de la denominación directamente y levantar fondos.

El formar este modelo de agencia tiene ciertas ventajas:

- Desde el génesis de la organización, lleva un alto nivel de credibilidad con varias iglesias.

- La cobertura de la denominación y el número de iglesias que pertenecen a la denominación proveen una base de donantes para el lanzamiento de la agencia bastante robusto.

- Si la denominación tiene un énfasis misionero, la agencia va a tener un ingreso estable de nuevos candidatos que provengan de las iglesias sin mayor esfuerzo.

- Las iglesias tienen un gran grupo potencial de intercesores a los que puedes distribuir información y pedidos de oración específicos para que intercedan por tu agencia.

Y algunas desventajas, entre ellas:

- Como vimos previamente, la modalidad y la sodalidad son estructuras que operan de una manera muy distinta. Por lo tanto, va a ser difícil crear una denominación híbrida donde ambas estructuras coexistan a su máximo potencial. Generalmente en las denominaciones, las iglesias son las que tienen voz y voto en elegir el liderazgo de la denominación (usualmente los obreros de la agencia no tienen el mismo poder de votación que los pastores) y, por lo tanto, el liderazgo de la denominación tiende a ser dominado por perfiles de pastor y maestro (lo más predominante en liderazgo de iglesias locales) y no tiende a tener representación significativa de los perfiles proféticos y apostólicos (los perfiles más comunes en la sodalidad y los más apropiados para dirigirla). A través del tiempo, esto fuerza a la agencia a operar más y más con la cultura y riesgos de una modalidad y la agencia pierde sus colmillos.

- Si la manera en la que la denominación opera centraliza el levantamiento de fondos, lo más probable es que los obreros, previo a su salida al campo, o durante visitas a su país de origen, visiten a varias iglesias de la denominación para motivar la generosidad hacia el fondo misionero de la denominación. Sin embargo, como muchos misioneros rotan por cada iglesia, las iglesias no sienten una afinidad con un misionero específico sino con la denominación en general. Esto puede causar que el misionero no reciba tanto apoyo en oración o incluso no tenga una red de comunidad y apoyo tan grande para acogerlo cuando regrese a su país.

- Cuando las personas/iglesias dan una ofrenda a una denominación u organización, es una contribución un poco menos personal que apoyar a un obrero específicamente. Esto significa que durante tiempos donde la economía en el país donde opera la denominación sufre, sus contribuciones a las misiones se verán más afectadas con este modelo de centralizar finanzas. Conozco a varios obreros personalmente a los cuales la crisis financiera del 2008 les afectó bastante ya que su denominación vio un bajo drástico al fondo misionero general y de golpe tuvieron que despedir a muchos misioneros y mandarlos a casa por falta de sustento.

- Una agencia denominacional puede poner la expectativa a sus obreros de replicar la misma denominación y modelo eclesiástico en el campo donde sirven. Sin embargo, en varios campos, los modelos que funcionan en nuestros contextos no son apropiados.

- Puede que tu agencia denominacional no tenga la capacidad de apoyar a ciertos candidatos de tu denominación (por que se sienten llamados a un lugar donde tu agencia no sabe cómo enviar, por ejemplo). Cuando esto ocurre, es fácil que las iglesias, asumiendo que la agencia de la denominación es la mejor, presionen al candidato a ir con la denominación en lugar de explorar otras opciones.

- Por lo mismo, si un candidato decide ir con otra agencia que no sea la de la denominación, es muy probable que las iglesias asuman que ha habido algún problema en su teología, dogma o algo más y no lo quieran apoyar. Tristemente conozco historias de muchos candidatos que salieron con una organización que no pertenecía a su denominación y su iglesia, y todas las iglesias con las que estaban afiliados por los lazos denominacionales se rehusaron a apoyarlos, lo que limitó seriamente su capacidad de levantar finanzas.

- Por otra parte, al enfrentarse a este modelo, estos mismos candidatos pueden encontrar a una iglesia muy receptiva que los anima a ir con cualquier agencia a la que Dios los guíe, pero no entiendan cómo funciona el levantamiento de fondos a nivel personal fuera de la estructura de la organización e incluso puede asumir que la denominación o nueva agencia les cubre todos los gastos.

Agencia no denominacional

La agencia no denominacional o independiente es, en contraste al modelo previo, una agencia que no se adhiere u opera bajo la cobertura de una denominación.

Comúnmente estas agencias están dispuestas a aceptar candidatos de múltiples denominaciones al igual que trabajar con iglesias no denominacionales. Para lograr esto, estas agencias formarán una declaración de fe con no negociables concretos que ayudará a cada denominación o iglesia a entender cuál es su postura. También ayudará a la organización a filtrar a cualquier candidato que no esté de acuerdo con sus no negociables.

En contraste con una agencia denominacional, agencias no denominacionales son completamente independientes, lo que trae ciertas ventajas y desventajas.

Algunas ventajas incluyen:

- Autonomía y flexibilidad existencial: estas agencias son diseñadas para cumplir una misión y todo su enfoque y energía puede ser dirigido a esto. No son afectadas por una denominación que podría traer una agenda externa que ayude a la denominación, pero no a la agencia. Cambios de liderazgo repentinos, o una crisis o falla moral en el liderazgo de una denominación no afectaría significativamente la credibilidad, finanzas o estabilidad de la agencia. Agencias no denominacionales son libres de estas preocupaciones y pueden invertir toda su energía en los obreros y proyectos con los que trabajan.

- La metodología preferida de estas organizaciones para el levantamiento de fondos pone al obrero como protagonista frente a las iglesias que invierten primariamente en el ministerio del obrero. Esto crea una comunidad de apoyo para el obrero que no solo incluye apoyo financiero, sino también se extiende a cobertura en oración y acompañamiento durante su regreso a casa.

- Como su enfoque no es el de enviar obreros de una denominación específica, en varios casos estas agencias pueden organizarse no basados en a quiénes quieren enviar sino en qué impacto quieren tener. Por ejemplo, una agencia puede ser formada para especializarse en la traducción bíblica, una región específica en Asia o para alcanzar a refugiados musulmanes. Esto crea una gran diversidad y especialización que se vuelve una fortaleza muy grande de una agencia enfocada.

- Puede ser la agencia perfecta para candidatos cuyas denominaciones no tienen una agencia de envío propia o simplemente no pertenecen a una denominación.

Y algunas desventajas:

- Cuando una agencia no denominacional comienza, generalmente comienza en cero. Como no tiene el respaldo de una denominación detrás suyo, hasta que demuestre su capacidad, no tendrá credibilidad propia.

- De la misma manera, la agencia no tiene una base amplia de iglesias que desde el inicio quieren verla tener éxito o confían en su desarrollo (como lo haría una denominación), por lo tanto, las ventajas de las agencias denominacionales de: una base de potenciales donantes amplia, una base de intercesores, o una estructura ya construida que orgánicamente proveerá candidatos no existe.

- Como estas agencias son independientes, puede haber la percepción de que son menos confiables, más propensas a caer en teología errada, fallas morales de liderazgo o corrupción económica. Yo personalmente no conozco ningún estudio comparativo que demuestre que esta sospecha tenga legitimidad alguna. De cualquier modo, para varias agencias, este puede ser un obstáculo al que se enfrentarán periódicamente hasta que estén muy bien establecidas.

¿Agencia enviadora, receptora o ambas?

Otra dicotomía a entender es si una agencia es una agencia enviadora, una agencia receptora, o cumple ambas funciones.

A grandes rasgos, una agencia enviadora es la agencia que opera generalmente en el país de origen del obrero y su rol es el de movilizar, entrenar, y encontrar una oportunidad para el obrero en el campo. Una vez encuentre una oportunidad con una agencia receptora, ayuda al obrero a tener todo preparado para ser recibido por esta agencia en el campo, la cual gestionará toda la logística de campo (como conseguir visas, velar por su seguridad física, conectarlo con un maestro del idioma local, etc.). Una vez enviado, la agencia enviadora, a la distancia, monitorea el progreso del obrero y solo interviene en casos puntuales, el día a día es gestionado por la agencia receptora.

Una agencia receptora está preparada para ser contactada por iglesias o agencias enviadoras y explicarles cómo uno de sus candidatos podría integrarse a su trabajo localmente. Si llegan a un acuerdo, espera la llegada del obrero y lo cuida durante su estadía en la ubicación del ministerio. Una vez el obrero regrese a casa o cambia a otro ministerio u otra región geográfica, la agencia receptora lo "devuelve" a la agencia enviadora y deja de estar involucrada en el proceso del obrero.

Algunas agencias misioneras cumplen ambos roles. Es común que operen como una agencia enviadora y receptora donde ya tienen equipos establecidos, y solamente como una agencia enviadora que buscará una agencia receptora como socio si el obrero siente un llamado a un contexto donde no pueden cumplir esta función.

Generalmente hablando, todas las agencias denominacionales van a ser agencias enviadoras y puede que tengan alguna función receptora. Agencias no denominacionales pueden ser enviadoras, receptoras, o ambos.

Este libro está enfocado en el desarrollo de una agencia enviadora o una agencia que cumple ambos roles y va a tener secciones relevantes para estructuras tanto denominacionales como no denominacionales.

¿Qué es una agencia de apoyo?

Otra terminología que se ha vuelto más común recientemente es el término "agencia de apoyo". Esta frase describe a agencias que no envían o reciben obreros directamente, pero que proveen algún servicio a agencias enviadoras, receptoras o a obreros mismos.

Algunos ejemplos de organizaciones que ocupan esta categoría:

- Via – una organización enfocada en entrenar a misioneros latinos en como levantar fondos

- Concilium – una organización que provee entrenamiento, consultoría y apoyo en crisis referente a seguridad física en distintos países del mundo

- Mission Increase – una organización que provee consultoría a líderes de agencias misioneras en cómo desarrollar el crecimiento de la organización en múltiples áreas, específicamente en la capacidad económica de la organización

La mayoría de este libro no será relevante si deseas iniciar una agencia de apoyo. Sin embargo, sí vas a recibir consejos en diferentes áreas para saber cuándo es bueno apoyarte en una de estas organizaciones y crear una alianza que sea de beneficio mutuo y sostenible.

Si deseas una lista más completa de agencias de apoyo que recomiendo, puedes revisar **Apéndice B**.

CAPÍTULO

04

TU VISIÓN INICIAL

Si sueñas con formar una agencia misionera, deseas crear algo bueno, importante y necesario. Mientras haya idiomas que no tengan una Biblia, pueblos que no tengan una iglesia, y grupos étnicos no alcanzados en el mundo, necesitamos misioneros, y los misioneros necesitan agencias que los envíen. Si Dios te ha llamado a este trabajo, ¡enhorabuena! ¡Te animo a que perseveres! No es una labor fácil, o simple, pero es una labor crucial para la expansión del reino.

De un fundador de una agencia misionera a otro, ¡bienvenido! Te hemos estado esperando.

Si estás leyendo esto porque es parte de tu proceso de discernimiento para decidir si quieres iniciar esta aventura, déjame dejarte con esto: Si Dios te llama, Él te equipará con todo lo que necesites.

Lanzar una agencia misionera ha sido más complicado, cansado y costoso que lo que imaginé inicialmente. Tal vez si hubiera sabido todo lo que iba a pasar, me hubiera desanimado. Pero Dios ha sido fiel. Recuerda el ejemplo de Pedro caminando sobre el mar: el tamaño del reto no importaba. Podría haber un metro o un kilómetro de profundidad en el agua debajo de sus pies, pero mientras mantenía su mirada fija en Jesús, podía seguir caminando.

Sin embargo, no te haría ningún favor sin ayudarte a calcular el costo de la jornada que tienes por delante. Un buen lugar donde comenzar es la siguiente cita por Dennis Lane en su libro, *Administración Eficaz De Una Agencia Misionera*:

"Un buen consejo para alguien que piensa iniciar una agencia es similar a aquel para los que están pensando en casarse: si puedes vivir sin hacerlo, no lo hagas. Una agencia misionera, al igual que un matrimonio, presenta demasiados desafíos para tomarla a la ligera." (Lane, 2006)

Puede ser que esto te suene un poco extremo, pero no pases página muy rápidamente. En mi experiencia de estar en primera fila mientras Dios formaba a Reflejo ante nuestros ojos, puedo decirte que mi fe, perseverancia y valentía ministerial nunca han sido tan desafiados como durante este proceso.

Piensa en esto: al enemigo no le gusta cuando una persona viene a los pies de Jesús. Odia aún más ver a una iglesia de nuevos creyentes formada en un contexto no alcanzado donde no había ni un creyente antes. Ya te puedes imaginar todo el esfuerzo que usaría contra un misionero que sale al campo y podría ver varias iglesias nacer. Y ahora tú sueñas con formar una organización que pueda enviar, no a decenas sino a cientos de misioneros. ¿Cuánto interés crees que te va a tener a ti?

¿Alguna vez te han hecho la famosa pregunta, si pudieras volver en el tiempo a cuando Hitler era un bebé y matarlo para evitar el Holocausto, lo harías? Tú y yo sabemos que el asesinato es un pecado, y que tampoco podemos viajar en el tiempo. Pero el punto de la pregunta es lo siguiente, ¿no sería lindo poder evitar esa tragedia?

Para Satanás, el envío responsable y exitoso de múltiples equipos de misioneros a lugares no alcanzados que van a ayudar a locales a esparcir el evangelio, discipular nuevos creyentes, formar iglesias, traducir la Biblia, desarrollar líderes y más, es una tragedia. Y aunque no puede ver el futuro, él conoce el potencial que tiene una agencia misionera bajo el comando de Dios. El enemigo bien sabe que, en este momento, la agencia es un feto y el cordón umbilical eres tú. Por algo Dios nos dice al resto que oremos por nuestros líderes.

El enemigo bien sabe que, en este momento, la agencia es un feto y el cordón umbilical eres tú.

Aparte del componente espiritual, formar una agencia saludable y verla crecer a través de distintas etapas es complicado. Es tanto una ciencia como un arte donde muchas áreas, prioridades, tensiones, y problemas deben ser navegados cada día, día tras día, mes tras mes, año tras año. Esta guía ayudará con esto, pero no va a ser fácil.

Regresando a los cinco perfiles, dentro del perfil apostólico hay un par de subcategorías: el perfil apostólico paulino y el perfil apostólico petrino.

El perfil apostólico paulino, basado en el apóstol Pablo, es el que describí previamente. Aquella persona llamada a cruzar barreras culturales y geográficas para expandir el reino de Dios donde aún no está. Aquellos valientes que quieren personalmente, por amor a Dios y a los no alcanzados, ir a un metro del infierno y ayudar a personas a darse la vuelta.

El perfil apostólico petrino, basado en Pedro, es distinto. Si estudiamos a Pedro en el nuevo testamento, él no fue de lugar a lugar como Pablo buscando a los no alcanzados. Él se quedó con la iglesia en Jerusalén y con los discípulos, coordinando. Pedro ayudó a la iglesia (en sus formas modales y sodales) a formar la estructura necesaria para la expansión del reino.

De cierto modo, Pablo saltó al vacío atado a una cuerda y Pedro organizó el esfuerzo de sostenerla. El perfil apostólico petrino describe a aquellas personas con un llamado misionero cuya mejor contribución al reino por sus dones y temperamento no va a ser el de ir al campo personalmente a tomar tazas de té y aprender un idioma, sino el de formar estructuras de envío que impulsen a muchos otros a poder ir. Si deseas formar una agencia, deberías sentirte identificado con este perfil.

Para concluir esta sección, el mejor favor que puedo hacerte es el de tratar de convencerte de no formar una agencia misionera: va a ser extremadamente difícil, costoso, y probablemente no funcione como esperas.

Para concluir esta sección, el mejor favor que puedo hacerte es el de tratar de convencerte de no formar una agencia misionera: va a ser extremadamente difícil, costoso, y probablemente no funcione como esperas.

Si tu respuesta al párrafo anterior es dar un paso atrás y llenarte de incertidumbre, no sigas por este camino, no vas a durar.

Sin embargo, si tu reacción es de tomar pintura de guerra, pintarte la cara y exclamar: "¡Pero tengo que intentarlo de todos modos!" ¡Bienvenido!, eres de los nuestros, y mi promesa en las próximas páginas es compartirte lo mejor que tengo que ofrecer para que tengas éxito.

Antes de continuar leyendo, te pido que hagas lo que me tocó hacer a mí: respira profundo, mira al cielo y dile al Dios que te escucha:

Tú me has llamado a comenzar una agencia. Hasta que tú me digas claramente que me rinda, no lo haré, no importa el obstáculo.

Una identidad concreta (parte 1): visión, enfoque y declaración de fe

Cuando iniciamos Reflejo, el primer paso "público" que tomamos fue el de crear una página web: www.reflejo.org. Recuerdo el primer día que me senté a crear la página web y me di cuenta que era un ejercicio excelente en visualizar qué forma iba a tomar Reflejo. Si quería tener algo que escribir, tenía que poder responder a preguntas como: ¿Qué va a ser Reflejo? ¿Cómo lo describo? ¿Qué es lo que nos hace únicos? ¿Qué categorías tengo que definir ahora desde el inicio y qué debo esperar a que tome forma con el tiempo?

Aquí es donde quiero que comencemos nuestro proceso. Tal vez ya tengas un nombre para tu organización y este nombre te de una pista a lo que es importante para ti en la identidad de la agencia misionera. O puede ser que aún no tengas ni el nombre y el "Proyecto Agencia X" sea solamente una idea aún. Si ese es el caso, no te preocupes, el definir estos componentes que vamos a tocar ahora podrán ayudarte a identificar un nombre que se alinee con quien quieres ser.

Quiero usar a Reflejo como ejemplo para que te ayude a entender a qué me refiero con el nombre. Desde nuestra página web, hoy, en Julio del 2023, quiero compartir contigo lo que dice nuestra página sobre el nombre de Reflejo:

El nombre Reflejo simboliza y significa para nosotros un recordatorio de nuestros propios principios y el llamado que tenemos, visto desde dos niveles:

Las naciones nos REFLEJAN. *Cuando entramos a un contexto que aún no ha sido transformado por el Evangelio, podemos* *ver un **reflejo** de nuestro propio pasado antes de conocer a Cristo, y recordamos la perseverancia, profundidad e implacable muestra del amor de Dios en nuestras vidas. Somos a la vez testimonio personal de los frutos de su poder transformativo que ha permanecido encarnado en nuestros contextos. Vivimos en los lugares "más oscuros" del mundo, y sabemos que el mismo Dios Todopoderoso que nos redimió, va a redimir a este pueblo. Aferrándonos a esta realidad, podemos permanecer enfocados en nuestro Padre y Él define nuestra dirección y estrategia y no vacilamos por las circunstancias que nos rodean.*

***Nuestro llamado es a REFLEJAR a Cristo y cumplir su misión.** Cristo vino a la tierra a vivir entre nosotros porque consideraba que hacer la voluntad del Padre era una causa que merecía su vida entera. Reflejamos a Cristo cuando escuchamos al Padre, entendemos sus propósitos y, al igual que Cristo, lo seguimos con desenfreno. (Reflejo, 2020)*

Espero que este ejemplo te sirva para entender la relación simbiótica que el nombre de la organización puede tener con la visión y cultura. Si el nombre de la agencia está cercanamente alineado con su visión, cada vez que tu equipo use el nombre, estarás reforzando la identidad que quieres crear en la organización en la mente de cada uno de ellos.

En esta categoría vas a escribir tres áreas que creo que son muy relevantes para crear un cimiento inicial para tu agencia:

Visión: ¿qué desea lograr tu agencia, qué va a ser diferente en el futuro porque existe tu agencia? Si tu agencia jugara un deporte, esta categoría explica cómo se mete un gol. Qué se tiene que hacer para conseguir una victoria.

Enfoque: ¿qué parámetros utiliza tu agencia para saber que está alineada a la visión y qué es una distracción? ¿Trabajan solamente con niños? ¿Se enfocan en un país específico en África? ¿Envían misioneros sólo a contextos budistas? Si tu agencia jugara un deporte, esta área explica dónde se juega este deporte, qué tipo de cancha es y qué es estar fuera de la cancha. La contribución más importante del enfoque no va a ser clarificar qué vas a hacer, sino liberarte de todas las oportunidades que vas a ignorar porque son distracciones.

La contribución más importante del enfoque no va a ser clarificar qué vas a hacer, sino liberarte de todas las oportunidades que vas a ignorar porque son distracciones.

Declaración de fe: Siendo una organización cristiana, es importante tener una declaración de fe clara. Si vas a llevar el evangelio a las naciones, quieres específicamente delinear que incluye ese evangelio como verdad y que no. Este es tu uniforme deportivo y cualquier persona que no se ponga el mismo uniforme no puede ser parte de tu equipo. Esto también te ayudará cuando conozcas a otras organizaciones, a comparar uniformes y saber si juegan en el mismo equipo.

Es probable que clarificar dos de estas tres áreas te tomen mucho más esfuerzo que la otra. Si tu deseo comenzó con una frustración santa (ejemplo: no es posible que no haya ninguna agencia misionera en mi país que se especializa en trabajar con personas sordas), es posible que la visión, lo que quieres que cambie porque existe tu agencia, sea muy clara. Sin embargo, el enfoque puede ser más borroso: tal vez no sabes si debes entrenar misioneros en cómo trabajar con personas sordas, trabajar en traducción de la Biblia grabando videos en lengua de signos, o buscar conectar ministerios existentes trabajando con personas sordas con iglesias e individuos interesados en apoyar financieramente este trabajo.

Lo mismo ocurre si tu deseo de iniciar una agencia comenzó con una necesidad tangible (ejemplo: Malasia, donde viviste como misionero, necesita más obreros). Es probable que el enfoque (enviamos misioneros a Malasia) sea claro pero la visión que describa cómo va a ser impactada Malasia por tu trabajo sea más confusa inicialmente.

En ambos ejemplos previos, estás iniciando una agencia no por una preferencia teológica sino por un enfoque misional y, por lo tanto, es probable que no tengas una declaración de fe predeterminada al inicio. En comparación, si estás lanzando el brazo de la agencia misionera de denominación X en tu país, es probable que tu denominación tenga una declaración de fe preestablecida pero la visión y enfoque de la agencia no sean muy claros inicialmente.

Sea cual sea tu punto de partida, es probable que para tener las 3 áreas claras y elaboradas por escrito va a tomar mucho esfuerzo, reflexión y discernimiento. No apresures esta etapa de ideación demasiado, va a ser un cimiento muy importante para el futuro de tu agencia.

Una vez tengas claras estas tres áreas, y las tengas por escrito, te animo a que las compartas con otras personas y les pidas que te expliquen qué entienden por lo que has escrito. Si no les es claro, es posible que tengas que reescribir particularmente el enfoque y la visión. Es probable que la declaración de fe tenga un idioma más teológico que no sea familiar a todos. Quieres que la declaración de fe sea lo más entendible posible sin comprometer de ninguna manera el significado no negociable que quieres comunicar.

Una última sugerencia en esta sección es el de tomar la visión que has trabajado y tu enfoque y crear una frase de identidad para tu agencia. Como recién estás comenzando, esta frase va a ser aspiracional (no cierta aún, sino describirá un futuro que deseas se vuelva realidad sobre tu agencia). Sin embargo, no escribas la frase en términos futuros, sino del presente. Esta frase te ayudará a comunicar breve y claramente qué es y qué hace tu agencia. El siguiente ejemplo es la frase que creé para Reflejo al inicio y se ha vuelto una realidad:

Somos un grupo de **misioneros latinos** *llamados a ser precursores de* **movimientos del evangelio** *entre pueblos* **no alcanzados.** *(Reflejo, 2020)*

Si estudias la frase te das cuenta de que (1) es muy breve y fácil de memorizar, e identifica (2) quiénes somos (misioneros Latinos), (3) qué deseamos ver ocurrir o nuestra visión (movimientos del evangelio), y (4) nuestro enfoque (los no alcanzados).

Si una persona de Australia se pregunta si Reflejo es una agencia que le pueda ayudar a crear estudios bíblicos para niños en iglesias en Sídney, rápidamente se va a dar cuenta que lo que busca hacer, aunque es algo bueno e importante, no es parte de la visión y enfoque de Reflejo. Quieres que tu agencia tenga una frase similar que sea simple de comunicar y claramente comparta la visión y enfoque con otros queriendo aprender de ustedes.

Comienza con el fin en mente

Ahora que has clarificado tu visión por escrito, va a ser una herramienta muy útil para saber cómo construir tu agencia. Saber qué buscas lograr va a definir qué debes hacer para llegar ahí. Quiero que te imagines por un momento conmigo tu visión, y sueñes en cómo se vería si se cumpla, imagínatelo en detalle:

En el caso nuestro, me imagino a candidatos latinos con un llamado a las naciones, encontrando en Reflejo todas las herramientas y entrenamiento para poder salir al campo. Me imagino múltiples equipos misioneros en varios países donde interactúan constantemente con grupos no alcanzados en su propio idioma. Me imagino que estos misioneros se sienten bien cuidados y acompañados y tienen una vida plena en relación profunda con Dios. Me imagino a misioneros entrenando a creyentes locales a entender y a compartir el evangelio con sus amigos. Me imagino grupos de discípulos multiplicándose a través de lugares como Afganistán y Pakistán de una manera exponencial. Me imagino múltiples movimientos del evangelio iniciando entre grupos no alcanzados y ver al evangelio transformar la historia de estas etnias. Me imagino a estos mismos grupos formando agencias misioneras y enviando misioneros a otras etnias.

Podría seguir compartiendo, pero creo que captas la idea. Lo importante de soñar a detalle es que una vez tengas una imagen clara, puedes hacerte las siguientes preguntas:

* ¿Qué tipo de organización es necesaria para cumplir esta visión?

* ¿Qué tipo de equipo debo reclutar?

* ¿Qué tipo de líder debo ser?

Estas preguntas te llevarán a una reflexión muy valiosa que te ayudará a calcular el costo, pero también, a identificar principios claves de la cultura y valores que quieres para tu nueva organización que es nuestra siguiente etapa de enfoque.

Una identidad concreta (parte 2): cultura y valores

Cada organización produce los resultados que está diseñada para crear. Si una compañía es muy exitosa o una iglesia está decayendo, eso significa que la cultura, liderazgo y sistemas creados están diseñados para producir exactamente los resultados que tienes en el contexto donde estás. Lo mismo aplica a tu agencia.

> *Cada organización produce los resultados*
> *que está diseñada para crear.*

La cultura de un grupo militar y la del departamento de contabilidad en la compañía donde trabajabas antes van a ser distintas porque tienen diferentes prioridades. El grupo militar va a tener valores como disciplina, puntualidad y respeto innegociable a la jerarquía militar. También va a tener un nivel de tolerancia alta al riesgo, aunque desee eliminar riesgo innecesario en sus misiones. Un equipo militar en una misión sabe que las cosas cambian sobre la marcha y necesita ser flexible y creativo para completar su misión.

Un departamento de contabilidad va a tener como valores atención a detalles, revisar el trabajo dos veces para eliminar errores y seguir las leyes fiscales donde opera. Sin embargo, un contador no debe ser creativo y flexible de la misma manera que un militar, sino seguir leyes, normas y procedimientos. Es probable que, en su trabajo, la tolerancia para el riesgo sea muy baja en comparación al grupo militar.

Una agencia misionera no es diferente a otras organizaciones en este sentido. Para tu agencia, tienes que identificar los valores culturales y operacionales que quieres establecer. Acá te comparto algunos ejemplos de los nuestros y una explicación breve de porque cada uno es relevante a nuestra misión específica:

Somos Discípulos: *Comprometidos a conocer y seguir a Jesús. Buscar intimidad con Jesús es nuestra prioridad y cimiento. Nos dedicamos a escuchar al Espíritu para recibir sabiduría, estrategia y dirección* (Reflejo, 2020). Este valor nos ayuda a reclutar y mantener un equipo que camine con intimidad con Dios. Además, nos recuerda constantemente que debemos reenfocarnos en Dios y Su visión para la organización en vez de nuestra agenda.

Somos Creativos: *Visionarios, innovadores y emprendedores. Buscamos oportunidades para colaborar con Dios en formas creativas y novedosas. Somos pioneros de nuevas ideas cuando los modelos y métodos antiguos fallan* (Reflejo, 2020). Este valor nos recuerda que porque algo se haya hecho o funcionado en el pasado, si no es dogma bíblico no negociable, es flexible. Las estrategias, modelos y preferencias que tenemos no deben definir la dirección de la organización. Los resultados que buscamos orientan y reorientan el qué y cómo de Reflejo constantemente y nos ayudan a reinventarnos cuando sea necesario.

Somos Precursores: *Multiplicando nuestro impacto al equipar y empoderar a otros. Deseamos movimientos con un impacto mucho más amplio del que personalmente podemos alcanzar; por lo tanto, identificamos y equipamos a hombres y mujeres que van a avanzar esta visión y los empoderamos a ir* (Reflejo, 2020). Este valor nos ayuda a tener en mente que no somos los héroes de la historia. Existimos para conectar a líderes locales con Dios directamente y los acompañamos en su protagonismo de alcanzar a las naciones. Este valor también nos recuerda que siempre que lanzamos un nuevo proyecto o iniciativa, debemos hacerlo de una manera que, a través del tiempo, no dependa de nosotros, sino que sea autosostenible y escalable y podamos empoderar a nuevos líderes que estamos desarrollando.

Somos Osados: *Constantemente elevándonos a nuevos horizontes y dispuestos a entregar nuestras vidas por la causa de Cristo. Aceptamos el llamado de ir a lugares difíciles, siguiendo a Cristo hacia los oprimidos, ignorados e invisibles. Cruzamos barreras culturales, lingüísticas y geográficas para estar con aquellos en necesidad de escuchar el Evangelio, aunque el sacrificio y el esfuerzo que nos requiera sean grandes* (Reflejo, 2020). Este último valor que comparto nos recuerda que la misión en la que nos involucramos tiene un costo y va a requerir un sacrificio. El sacrificio puede ser uno de tiempo, emociones, costo-oportunidad, esfuerzo, dolor o incluso vidas de obreros entregadas como mártires a una visión mayor que sí mismos. A pesar del riesgo y sacrificio, la visión que tenemos es legítima y merece que la avancemos. Si alguien no está dispuesto a arriesgar y sacrificar cuando sea necesario, no pertenece en nuestro equipo. Esto no nos lleva a la imprudencia, pero sí a aceptar nuestro rol en cargar la cruz y seguir a Cristo.

Te animo a que identifiques 3-5 valores claves para tu agencia. Estos valores son como las reglas en un deporte. Ya sabemos cómo anotar un gol (la visión) y qué es fuera de juego (enfoque), también tenemos la camiseta del equipo (declaración de fe) pero ahora nos toca tener algunas reglas claras de cómo jugamos en el proceso

(¿Puedes tocar el balón con los pies, las manos o ambos?). Estos valores o reglas de juego van a ayudarte en la siguiente etapa que trata de cómo identificar el perfil idóneo de un miembro de tu equipo.

¿Cómo es tu candidato ideal?

Una vez que hayas terminado todo el trabajo previo, puedes identificar el perfil de un miembro para tu equipo de una manera más concreta. Va a ser alguien que esté de acuerdo con tu declaración de fe y quiera ser parte de la visión que tu organización tiene. También debe encontrar su rol dentro de los parámetros del enfoque de la organización directa o indirectamente y adoptar los valores culturales de la organización como suyos.

Súmale a esto una lista de otros requisitos que busques evaluar en tus candidatos y tendrás una imagen más completa. Esta es una lista de distintas áreas que podrías considerar evaluar:

- Madurez espiritual

- Carácter

- Madurez emocional

- Agudeza intelectual

- Teología

- Habilidades de liderazgo

- Competencias necesarias para el trabajo (habilidades técnicas necesarias)

- Vida de matrimonio y familia saludable

- Capacidad para levantamiento de fondos

- Otros

Vas a acabar con una idea clara de qué tipo de personas debes reclutar a tu agencia. Esto es muy importante: el éxito o fracaso de tu agencia va a ser en gran parte definido por las personas que formen parte de tu equipo. Si tú estás creando una organización desde cero, tú eres únicamente responsable por qué tan bueno o pobre es el calibre de las personas que aceptes a tu equipo.

Tú eres únicamente responsable por qué tan bueno o pobre es el calibre de las personas que aceptes a tu equipo.

Si no has hecho tu trabajo en identificar y comunicar claramente para qué existe tu agencia, a dónde se dirigen y cómo quieren llegar allá, es muy probable que no atraigas a buenos candidatos. Candidatos y líderes de alta capacidad no van a tomar en serio a un líder que no toma su rol seriamente. Sin embargo, tú has preparado todo este trabajo de clarificar tu visión y dirección como líder, y sabes qué tipo de personas buscas para tu equipo. Con esta claridad vas a poder comenzar a reclutar a los primeros miembros de tu equipo.

05

MOVILIZACIÓN, EVALUACIÓN Y ENTRENAMIENTO

Movilización: reclutando candidatos

Un componente clave de cualquier agencia misionera es el de movilización. La movilización puede ser un área muy amplia para tu agencia o una muy estrecha. El requisito mínimo de esta área para tu agencia es que pueda cumplir con hacer visibles las oportunidades que tu agencia tiene para nuevos miembros a gente fuera de la organización.

Si, por ejemplo, tu agencia está buscando 2 misioneros más que se sumen al nuevo equipo que tienen en Indonesia, tu departamento de movilización (que al comienzo puede que seas solamente tú) tiene que poder compartir esta necesidad a través de una red de contactos que puedan ayudarte a identificar potenciales candidatos.

Sin embargo, a través del tiempo, tu equipo de movilización también puede volverse un brazo significativo de tu agencia con múltiples equipos de movilizadores en busca de oportunidades para establecer relaciones con potenciales candidatos, iglesias y otros ministerios con el fin de educarlos sobre la necesidad de cumplir la Gran Comisión y, específicamente, la visión que tu agencia tiene.

Puedes cumplir esto a través de movilizadores, eventos, recursos y materiales educativos, entrenamientos y muchas otras maneras. De alguna manera, esta fue mi experiencia. En nuestro caso, antes de crear Reflejo como una agencia de envío misionero, creamos un ministerio llamado RAP (Red de Adopción por los Pastunes; pastunes.org) que se enfoca en concientizar a la iglesia latinoamericana en cómo alcanzar al pueblo Pastún. Tres años después de iniciar RAP, teníamos equipos de movilizadores en 12 países latinos concientizando la necesidad de los pastunes, promoviendo la oración y buscando candidatos en colaboración con iglesias, denominaciones y varios otros ministerios, organizaciones y eventos.

El crear un ministerio de movilización enfocado en un grupo étnico singular nos fue muy útil para que muchas iglesias aprendieran de este grupo y para que muchas organizaciones pudieran identificar rápidamente que nos especializamos, entre otros grupos, en trabajar con ellos. Ya en América Latina, cuando alguien busca ir a los pastunes, es muy probable que sean recomendados a trabajar con Reflejo. Este es un modelo que nos ha provisto mucho fruto y te lo recomiendo.

Nuestro crecimiento con RAP fue muy bueno, ¡pero un error que cometimos al comienzo fue el no comenzar a prepararnos para enviar obreros desde el comienzo! Tal vez fue mi inexperiencia o mi falta de fe por no creer que Dios bendeciría a RAP con un crecimiento tan rápido y que muchos candidatos escucharían un llamado de ir a los pastunes. De cualquier manera, los candidatos llegaban listos para ser entrenados y enviados, y nosotros no estábamos preparados.

Esto me lleva a un consejo: si vas a invertir mucho (tiempo, energía, recursos, etc.) en movilización, asegúrate de que tu agencia esté lista para responder a un número creciente de candidatos misioneros que van a esperar ser evaluados, entrenados, enviados al campo y cuidados con excelencia. A nadie le ayuda que animes e ilusiones a candidatos nuevos a asumir el reto de dedicar su vida a las misiones solo para abandonarlos a medio camino a que ellos solos descubran cómo vivirlo.

Tristemente, en Latinoamérica, ha ocurrido mucha movilización y actividad que promociona la importancia de las misiones, pero, cuando un candidato seriamente indaga en cómo puede ser enviado al campo, son pocos los que pueden ayudarle.

Esto lleva a muchos en nuestro contexto a un sentido de culpa e impotencia alrededor de las misiones: cumplir la Gran Comisión es algo que tenemos que cumplir y, a la vez, no sabemos cómo cumplirla. Si este sentimiento de desánimo, culpa e impotencia es mantenido a través del tiempo, se asienta como desesperanza: "Nunca podremos cumplir con nuestra parte de la Gran Comisión."

Puedes evitar ser parte del problema en esta área si sabes balancear tus esfuerzos entre movilización y envío. Invertir más en la movilización que en el envío es tentador ya que es más fácil y da resultados de una manera más rápida e inmediata.

Es más fácil utilizar estos resultados para levantar más finanzas y continuar movilizando que tomar la ruta larga de invertir profundamente en el envío de obreros al campo, lo que puede tomar entre 1-2 años para que salgan al campo, otros 2-3 años más para aprender un idioma y hasta entonces, comenzarán a ver resultados.

Yo descansé un tiempo en los resultados de esta trampa que captura a muchos ministerios y te urjo, aprende de mí y sé mejor: no caigas en el activismo.

Aprende de mí y sé mejor: no caigas en el activismo.

En esta área de movilización, hay dos cosas que he aprendido que pueden servirte como atajos para lograr más resultados con una inversión inicial de tiempo y recursos menor (lo cual te libera ambos, tiempo y recursos, para invertir en otras áreas de tu agencia):

El primero es el de entrenar y empoderar a movilizadores voluntarios. En la versión más simple del rol, un movilizador es responsable de tomar información sobre misiones en general u oportunidades de campo específicas y compartirlas con un grupo variado de personas. También debe dar seguimiento a esas personas y ayudar a conectar aquellos interesados con más información y oportunidades concretas.

Si creas un buen proceso de entrenamiento, el equipar a un movilizador puede ser un proceso muy fácil. En vez de invertir tu tiempo o el de algún líder especializado de tu agencia en ir de iglesia a iglesia y de evento a evento compartiendo sobre misiones, imagínate si tuvieras desarrolladas algunas presentaciones o videos estándares que alguien más pueda llevar a presentar, y después de la presentación, tu voluntario esté equipado con algunas herramientas para identificar a personas a las cuales debe tomar su información de contacto y conectarlos contigo o alguien más de tu equipo para una conversación más profunda.

Este fue el modelo que utilizamos con RAP, entrenando a voluntarios movilizadores con herramientas simples que podían utilizar para identificar no solo a candidatos sino a otros movilizadores también. Recuerdo que creamos un curso virtual simple para nuevos movilizadores y por un tiempo tuvimos en promedio 15 movilizadores nuevos entrenados cada mes. Este modelo puede ayudarte a tener un impacto exponencial que a largo plazo no te exija ni una fracción del esfuerzo que tomaría hacer toda la movilización directamente.

Otra sugerencia en esta área es la de hacer una alianza con ministerios de movilización. Si has hecho el trabajo de clarificar el enfoque de tu agencia claramente y tiene un aspecto relativamente único, va a ser fácil colaborar con otros ministerios de movilización. Si tu agencia se especializa en trabajar con personas discapacitadas en el mundo musulmán, tú puedes comunicarle esto a varios ministerios de movilización. Naturalmente, como es algo bastante específico, cuando estos ministerios se cruzan con alguien que tiene ese llamado, es muy probable que piensen en conectarlos contigo.

Esta es nuestra experiencia gracias a RAP y el enfoque que tenemos con pastunes. Reflejo es muy conocido por tener un enfoque especial a los pastunes, y, por lo tanto, cuando alguien se cruza con un candidato con un llamado a los pastunes, es muy probable que le mencionen a Reflejo.

Sin embargo, si tu enfoque no es tan específico y concreto, va a ser más difícil que los ministerios de movilización piensen en ti cuando el perfil de un candidato puede encajar en varias organizaciones distintas. Si este es el caso, vas a tener que invertir en relaciones más profundas con un grupo más selecto de ministerios de movilización para obtener resultados similares.

Evaluación: cómo elegir a tu equipo

Una vez candidatos comiencen a contactarte, necesitarás tener un proceso listo para evaluar su llamado, capacidad y alineamiento con tu agencia. Recuerda, tu agencia va a ser tan buena o mala como la gente dentro de ella, por lo tanto, la selección de candidatos es un trabajo muy importante.

Vas a querer tener un proceso de evaluación de candidatos definido desde el inicio. Muchas cosas pueden informar este proceso. Tu visión, enfoque, declaración de fe, valores culturales y operativos, y el perfil que creaste de un miembro idóneo de tu agencia; todos van a ser parte de informar las herramientas que utilices para evaluar al candidato. Es posible que otros factores como las necesidades que tenga el campo, otros líderes dentro de tu agencia u organizaciones con las que vas a colaborar en el envío influyan este proceso también.

Mi sugerencia es que este proceso de evaluación sea uno profundo, pero no lento. Si la evaluación de un candidato serio que está siendo proactivo en avanzar su proceso de candidatura toma más de 3 meses, tu proceso es muy largo. Sin embargo, si tu proceso no incluye una aplicación inicial, referencias, una declaración de fe firmada, una evaluación psicológica/emocional, dos o más rondas de entrevistas y una entrevista final frente a un comité de candidatura, es probable que no sea suficientemente profunda. Recuerda, el mejor momento para identificar un potencial problema con un candidato es antes de iniciar su relación ministerial. Esto aplica sea que determines no trabajar con él o que el proceso informe el saber cómo cuidarlo y entrenarlo intencionalmente en esa área problemática. Un problema potencial durante el proceso de candidatura es una ventaja que te ayuda a afinar tu estrategia de preparación y envío de ese candidato. Un problema que no descubres hasta el campo es exactamente eso, un problema.

Un problema que no descubres hasta el campo
es exactamente eso, un problema.

Algunas áreas que exploramos durante el proceso de candidatura de Reflejo son las siguientes:

- Historial familiar: incluyendo el núcleo familiar donde creció, entorno familiar, si ahora está casado, soltero, divorciado o viudo, hijos, relación con familia, y su perspectiva del llamado.

- Llamado

- Alineamiento con la visión, enfoque y cultura de la organización

- Que concuerde con la declaración de fe

- Testimonio y crecimiento en su fe

- Capacidad de liderazgo y enseñabilidad

- Experiencias ministeriales previas, positivas y negativas

- Iglesia a la que pertenece, trasfondo teológico y disposición de servir conjunto a gente de otras denominaciones

- Educación académica y entrenamiento ministerial

- Experiencia laboral

- Salud física y emocional

- Capacidad y disposición para aprender un nuevo idioma

- Economía personal, deudas, manejo de finanzas y capacidad/disposición de levantar fondos

Esto te puede dar algunas ideas de qué incluir en tu aplicación. Sin embargo, no te recomendamos que copies simplemente nuestro proceso o el de ningún otro, sino de que tomes el tiempo e intencionalidad para desarrollar algo apropiado para tu situación.

Un comentario relevante en esta área es que debes saber bien cuáles son las leyes laborales del país donde tu agencia opera. Es posible que haya leyes que protejan a candidatos para un empleo de ser discriminados por religión, aspectos de su historial médico, preferencia política, embarazo, raza, o un sinnúmero de otros factores.

Es importante que estés informado de si estas leyes aplican a tu agencia (organizaciones religiosas generalmente pueden rechazar a candidatos que no profesan la misma religión en varios países) y saber cómo navegarlas para que tu proceso de candidatura no incumpla ninguna ley en tu país.

Una lección muy importante en la selección de obreros y más importante aún en la selección de líderes: Tu equipo determinará el futuro de tu agencia. Si solamente creas roles y oportunidades y buscas llenarlos con la primera persona que venga, tu agencia va a fallar.

Cada vez que decido esperar en vez de reclutar a la persona equivocada, esto beneficia a la organización. El éxito y crecimiento de tu agencia va a ser en gran parte determinado por tu habilidad de atraer, organizar y liderar a un número creciente de líderes del más alto calibre.

El éxito y crecimiento de tu agencia va a ser en gran parte determinado por tu habilidad de atraer, organizar y liderar a un número creciente de líderes del más alto calibre.

Entrenamiento de obreros

Crear una agencia misionera no es lo mismo que establecer un centro de entrenamiento misionero, una escuela bíblica o un seminario. Mientras más quieras incorporar o desarrollar internamente, más complicado, largo y costoso va a ser tu proceso de poder operar como agencia plenamente.

Es recomendable, especialmente al inicio, que colabores o establezcas alianzas con centros de entrenamiento que entrenen a sus estudiantes de la misma manera que tú quieres prepararlos. Esto trae beneficio mutuo: (1) cuando encuentres candidatos no plena-mente equipados en áreas que tú no deseas capacitar internamente puedes referirlos y (2) puedas recibir candidatos recomendados por el centro de entrenamiento y puedes confiar que tienen una preparación que ya conoces.

En esta siguiente sección, vamos a evaluar varias áreas distintas. Exploraremos las ventajas y desventajas o de crear entrenamientos internos en la organización o de depender de una alianza con otra organización.

Antes de comenzar, cuando hablo de entrenamiento interno, no quiero que te límites a pensar en solo un modelo de entrena-miento. Entrenamientos pueden ser clases presenciales como pue-den ser experiencias vividas, clases por Zoom, clases pregrabadas, manuales, libros o una mezcla de distintas herramientas. Sea cual sea el modelo que utilices, vas a tener ciertas ventajas y ciertas desventajas.

Las ventajas incluyen:

* Tu agencia controla exactamente qué se enseña y sabes que estará alineado al 100% con su filosofía ministerial y va a ser relevante a su trabajo.

* Tu agencia puede controlar cómo, cuándo, qué tan seguido y a quién se les puede dar este entrenamiento; no dependes de esperar la disponibilidad de una organización externa o socio.

* Tu agencia puede decidir si cobrar por el entrenamiento, cuán-to y a quiénes, también puede decidir proveer becas, descuen-tos y otras promociones. Si decides cobrar por todos o algunos de tus entrenamientos, esto genera un ingreso a la organiza-ción.

Las desventajas incluyen:

* Tu agencia está limitada a enseñar solo de la base de conoci-miento y experiencia internos a la organización: dicho de otra

manera, no puedes enseñar lo que no sabes. Y recuerda, no siempre sabes lo que no sabes.

- El desarrollo de materiales y cursos, y el estar tomando tiempo para dictarlos va a requerir una inversión en tiempo, finanzas y energía del equipo, particularmente de aquellos con más experiencia en ciertas áreas que podrían estar contribuyendo en otras áreas de la organización.

- Si no eres especialista en un área de entrenamiento es posible que tu entrenamiento sea pobre o incompleto. También, si no tienes expertos en algunas áreas con el perfil adecuado para poder enseñar, grabar enseñanzas o crear materiales de estudio en sus áreas de experiencia, puede que el calibre del contenido que crees no sea muy bueno y los estudiantes no lo tomen tan en serio.

Si decides trabajar en colaboración con un entrenador u organización externa, vas a encontrar las siguientes ventajas:

- Tener acceso a materiales ya listos desarrollados sin un costo mayor a tu agencia que puedes comenzar a utilizar inmediatamente.

- Puedes tener acceso a entrenadores y conocimiento externo a tu agencia que sobrepasen tu conocimiento en ciertas áreas y por lo tanto van a hacer a tu agencia mejor preparada en general para tener éxito a futuro.

- Puedes evaluar desde el inicio el material producido (libros, videos, etc.) y decidir si implementarlos o no antes de pagar un costo alto (como en el caso de desarrollar materiales internamente).

Algunas desventajas son:

- No tienes control total sobre el contenido y el material enseñado. No siempre va a ser completamente relevante o estar 100% alineado a tu filosofía ministerial.

- Es probable que tengas demoras o retrasos al esperar un entrenamiento para recibirlo cuando sea urgente para ti o tus candidatos, pero que la organización entrenadora no tenga el tiempo o disponibilidad inmediata para enseñar. Puedes incluso encontrarte con un entrenamiento o curso cancelado que te puede crear un problema.

Visión, cultura organizacional y políticas de la organización

Nadie fuera de tu agencia puede comunicar tu visión, cultura e identidad al igual que tú y tu equipo. Es importante que todos los miembros del equipo entiendan bien cuál es la visión de la organización y cómo funciona, con esa claridad todos van a poder empujar en la misma dirección.

Lo mismo ocurre con las políticas de tu agencia con las cuales todos deben estar familiarizados. Esta es información interna que nadie fuera de tu agencia puede enseñar, por lo tanto, tienes que desarrollar un sistema de entrenamiento para compartir esta información a tu equipo.

Varias agencias misioneras tienen un entrenamiento presencial en su oficina o centro de reuniones donde reúnen a los nuevos miembros del equipo y entre otras cosas invierten bastante tiempo en comunicar toda esta información. Puede que este modelo te sirva a ti.

En nuestro caso, hemos optado por algo mucho más simple: nuestro equipo desarrolló y diseñó lo que llamamos el "Kit de Bienvenida." Es un documento que comparte información básica de la organización, nuestra visión, identidad, valores, expectativas, historia, políticas, beneficios y servicios que prestamos a los miembros del equipo e incluso un organigrama que ayuda al nuevo obrero a entender las diferentes áreas de la organización, cómo funcionan y a quién acudir para buscar ayuda en distintas áreas. Este kit de bienvenida se lo enviamos a cada nuevo miembro del equipo el día que son aceptados a la organización junto con un saludo de bienvenida y una invitación a que nos hagan cualquier pregunta que tengan sobre la información compartida.

Levantamiento de fondos

Saber levantar fondos es una herramienta crucial para los obreros que quieran salir al campo. Igualmente, si tu modelo no es uno que requiera levantamiento de fondos, sino es basado en emprendimientos, que tengas un buen entrenamiento en esta área va a ser imperativo.

Si tu contexto es similar al nuestro, es probable que te des cuenta que en Latinoamérica, aún ahora (2023) hay recursos limitados en lo que se refiere a entrenamientos de levantamiento de fondos para latinos que sean culturalmente apropiados y estén disponibles en español o portugués. No es que estos entrenamientos no existan, ya hay algunos circulando; sin embargo, los entrenadores familiares con estas herramientas y con experiencia personal levantando fondos que tienen disponibilidad para entrenar a más candidatos latinos en cómo levantar fondos son limitados.

La parte más crucial del entrenamiento de levantamiento de fondos es la etapa de seguimiento y relación con un mentor en la que se reúnan periódicamente para que reporten su progreso, rindan cuentas y hagan preguntas en áreas donde se sienten atorados. Los entrenadores han caminado este proceso antes y por lo tanto van a tener la autoridad y experiencia para saber aconsejar, animar, y alertar al obrero si ven que no está poniéndole el esfuerzo necesario a este trabajo.

Si tu agencia tiene la capacidad de entrenar y dar seguimiento internamente en esta área, esta experiencia puede ser muy positiva. Sin embargo, si los entrenadores no tienen amplia experiencia levantando fondos y viviendo por fe, no es bueno que desarrolles este entrenamiento internamente. Para ser muy directo, si tus entrenadores no han vivido una situación de levantamiento de fondos y dependencia financiera en Dios donde, si Dios no provee, no comen, debes buscar a otros entrenadores.

Si tus entrenadores no han vivido una situación de levantamiento de fondos y dependencia financiera en Dios donde, si Dios no provee, no comen, debes buscar a otros entrenadores.

Seguridad y ciberseguridad

Depende del tipo de trabajo que haga tu agencia, esta área puede ser altamente relevante o algo que realmente ni consideres en el proceso de entrenar obreros. Si tu agencia envía obreros a contextos de acceso creativo, es decir, contextos donde misioneros no son bienvenidos y/o hay persecución a la población cristiana: entrenamiento de seguridad física o de ciberseguridad pueden ser muy relevantes.

Para Reflejo, estas áreas de entrenamiento nos son de alta prioridad. Estamos invirtiendo en el desarrollo de recursos de entrenamiento para obreros latinos en estas áreas. Tenemos miembros de nuestro equipo con una experiencia vasta viviendo en contextos de acceso creativo y otros con un nivel de entendimiento de ciberseguridad profunda. Aún así, estamos colaborando con organizaciones especializadas en estas áreas para desarrollar recursos excelentes que podamos compartir con futuros candidatos.

Esta es un área donde, si te es relevante, te animo a que inviertas seria consideración en tener acceso a recursos excelentes. Si no tienes experiencia interna en seguridad o ciberseguridad específica a los lugares donde envías obreros, no inventes un entrenamiento basado en lo que creas que son buenas prácticas o sentido común. Hay mucha información errónea en esta área y algo muy peligroso para los obreros es cuando, por recibir un entrenamiento incompleto o erróneo, sienten un falso sentido de seguridad y toman riesgos innecesarios e imprudentes. Lamentablemente, muchas organizaciones se dan cuenta de estas fallas durante o después de una crisis y no antes.

Si acabas trabajando con un socio para proveer un entrenamiento excelente en esta dirección, asegúrate de que todos tus obreros estén claros en cómo los consejos y lecciones genéricas del entrenador aplican a su contexto e interactúan con las políticas y planes de contingencia de tu agencia.

Teología y misionología

En nuestro contexto latino hoy en día existen varios seminarios y centros de entrenamiento teológico. Desarrollar esta capacidad internamente probablemente no es sólo innecesario, sino que consumirá bastante tiempo. El desarrollar un entrenamiento teológico completo va a requerir que tengas entrenadores equipados para enseñar estas áreas y les va a exigir a esos entrenadores mucho tiempo. Es posible que con ayuda de un currículo muchos de tus líderes tengan una familiaridad saludable como para poder enseñar este contenido, sin embargo, el tiempo requerido para la enseñanza va a ser difícil de reducir.

Esta es probablemente un área donde puedes conectarte con algunas organizaciones externas y referir a los candidatos que obviamente les falta entrenamiento teológico y misionológico. A veces, los candidatos van a llegar con una excelente preparación en esta área desde sus iglesias locales.

Si este es el caso, es posible que la iglesia tenga algún tipo de entrenamiento teológico establecido internamente. Las iglesias locales donde el equipo pastoral tiene un entrenamiento teológico profundo pueden ser excelentes socios en esta área.

Vida y ministerio en un contexto transcultural

Similarmente a la categoría anterior, hay varias oportunidades de entrenamiento para candidatos queriendo aprender sobre la vida en un contexto transcultural. Opciones como centros de entrenamiento misionero, eventos donde obreros experimentados comparten de la realidad en campo, viajes de corto o medio plazo o incluso trabajo con diáspora en América Latina pueden ayudarte en esta dirección.

Si buscas un socio que pueda proveer esta área de entrenamiento, es posible que no sea un entrenamiento específico al contexto donde envías obreros (por ejemplo, puede que tengan un entrenamiento acerca del islam, pero no específicamente la expresión de islam en Líbano donde vas a enviar nuevos obreros).

Dependiendo de la visión y enfoque de tu agencia, puede que esta sea un área que quieras tener internamente, tener un socio, o tener un modelo híbrido donde tu entrenamiento interno suplementa detalles específicos que un socio no puede proveer.

Modelos ministeriales

Entrenamiento para Entrenadores, Estudios Bíblicos de Descubrimiento, E3, 4 Campos, Movimientos del Evangelio, Multiplicación de Iglesias, la Escala C y muchas otras herramientas ayudan a un obrero a saber cuál es la metodología o estrategia para compartir el evangelio y verlo multiplicado en su campo ministerial. Puede que tu agencia tenga una preferencia en metodología. En nuestro caso, nos gusta bastante la metodología de Estudios Bíblicos de Descubrimiento y deseamos ver movimientos del evangelio surgir en los campos donde servimos.

Si tienes obreros con éxito en un área y tienen una preferencia por un modelo muy particular o quieren tener un lenguaje interno común alrededor de esta área es probable que decidan desarrollar algo internamente. El lenguaje interno común puede ser muy útil cuando deseas medir resultados del campo.

Si le preguntas a un obrero una pregunta simple como: "¿Cuántos discípulos tienes?" necesitas tener un acuerdo entre el obrero y el liderazgo de exáctamente cuándo se considera a alguien un discípulo para poder responder a la pregunta. Si no tienes una preferencia tan específica, es posible que puedas encontrar un socio que trabaje con tu modelo de preferencia.

Pacificación y vida en equipo

Un buen entrenamiento en esta área va a ayudarte a reducir grandemente conflictos y problemas dentro de tus equipos de campo. Si saben navegar conflictos, los obreros no solamente van a formar un equipo más cohesivo y durar más tiempo juntos, sino también van a ser un testimonio poderoso al grupo donde sirven.

Mi sugerencia principal referente a este entrenamiento es que la selección del entrenamiento, metodología implementada y lenguaje creado para la organización ocurran en coordinación con el equipo de cuidado integral de tu agencia.

Aprendizaje de idioma

¿Tu agencia envía misioneros solamente a un contexto con un idioma, o a varios? Si tienen una variedad de campos o esperan que, a través de su vida ministerial, los misioneros puedan cambiar su campo ministerial, entonces los obreros necesitarán aprender múltiples idiomas. En ese caso, puede ser que enseñar cómo aprender un idioma con distintas herramientas sea mejor que enseñarles el idioma directamente.

Esto también aplica para campos donde el idioma nacional o comercial que necesitarán es distinto a la lengua materna del grupo étnico al que quieren servir. Lo mismo ocurre si tienen que previamente aprender algún idioma intermedio para poder aprender la lengua de su grupo de enfoque.

Metodologías como LAMP (Language Adquisition Made Practical) y GPA (Growing Participator Approach) son muy buenas para el aprendizaje de idioma. Hay otras herramientas, pero recomiendo que consideres entrenar a tu equipo con una de estas dos. Que puedas enseñarlas directamente va a depender de si tienes la experiencia internamente como para hacerlo. Nuestro equipo en diferentes etapas ha utilizado recursos externos y hemos dado entrenamiento internamente en esta área también.

06

ENVÍO Y CUIDADO

Enviando obreros al campo

Para el envío de un obrero, hay ciertas áreas necesarias que se deben planificar antes de su llegada al campo. Si tu agencia es la agencia de envío, pero no la agencia receptora, es probable que ustedes no provean todas las respuestas a estas siguientes categorías.

Sin embargo, es importante que como agencia de envío se aseguren que cada área está siendo bien pensada y va a ayudar al obrero a tener éxito en el campo. Recuerda, tu agencia de envío conoce mejor que la agencia receptora al obrero y sus necesidades previo a su salida al campo.

Campo y equipo

La primera cuestión a determinar es que si hay y quién es la agencia receptora. Dependiendo del campo donde decidan enviar al obrero, tu agencia podrá identificar si puede hacer el envío directamente o prefiere buscar un equipo local que lo pueda recibir. Ese equipo generalmente será parte de una agencia receptora con la que se puede acordar secundar el obrero.

Logística

El equipo receptor va a poder compartir su conocimiento del campo ministerial donde viven y será un recurso de mucha información relevante.

Una de las áreas más importantes es la de la visa, ¿cómo puede el obrero entrar legalmente a su país de destino y permanecer ahí por su jornada ministerial entera? Es probable que el equipo cuente con una o varias rutas que puedan facilitar la entrada del obrero.

Estas rutas tienden a ser negocios, ONGs, visas de estudiante, etc. y son comúnmente llamadas plataformas. A veces son vistas como algo solamente necesario para entrar al campo y poder hacer el ministerio "real."

El escenario ideal es uno en el que la plataforma y el enfoque ministerial van de la mano. Algunos ejemplos incluyen:

- Visa de estudiante para aprender el idioma local

- Trabajar para una ONG enfocada en desarrollo comunitario con el grupo étnico al cual el obrero siente un llamado

- Abrir un negocio que pueda emplear locales y ayudar a la economía local

Este equipo también tendrá información al día de los costos en la región y podrá proveer presupuestos para: costos de vida mensuales, costos de visa y permiso de trabajo, y cualquier otro costo inesperado o referente a la plataforma elegida.

Finalmente, cuando el obrero llegue al campo, el equipo podrá orientarlo, ayudarlo a conseguir alojamiento, conectar servicios, amueblar su casa si es necesario, y cualquier otro detalle necesario para su instalación.

Idioma

Otro componente importante va a ser el aprendizaje del idioma o idiomas. En ciertos casos el obrero puede comenzar a aprender un idioma antes de salir de su país de origen y, hoy en día, con aplicaciones de intercambio de idioma gratuitas que uno puede descargar, esto se está haciendo cada vez más y más común.

Sin embargo, es muy probable que el obrero no tenga un idioma fluido la primera vez que llegue al campo y tendrá que invertir sus primeros 6 meses a 2 años en aprender el idioma como su rol primario.

La agencia receptora debería poder ayudar al obrero a encontrar un buen maestro de idioma, darle las herramientas para que sepa cómo aprender un idioma e incluso guiarlo a saber cuáles son las metas que debe ir logrando para medir su progreso.

Seguros

La agencia receptora va a ofrecer sugerencias (o en algún caso tener requisitos para sumarse a su equipo) de tener seguros que pueden incluir un seguro médico, de evacuación médica, evacuación por seguridad o repatriación por fallecimiento.

Estos seguros pueden ser muy importantes y varias veces son ignorados. La necesidad de un seguro existe siempre que hay una amenaza o posible problema que uno no puede abordar económicamente. En el caso de un seguro de evacuación médica o repatriación por fallecimiento, estos pueden ser necesarios ya que una emergencia que requiera que el misionero o sus restos viajen puede ser extremadamente costosa.

Lo mismo ocurre con un seguro de evacuación por seguridad. Hay casos donde un incidente en la ciudad o país donde reside el obrero pueden hacer necesaria una evacuación urgente; y como muchas personas necesitarán evacuar a la vez, esto inflará los costos de viaje enormemente. En algunos casos extremos, se deberá pedir un rescate particular para un equipo de misioneros y sin un seguro, los costos son prohibitivos.

La agencia enviadora debería considerar las sugerencias de la agencia receptora y complementarlas en lo necesario. El obrero debe tener claro de parte de la agencia enviadora cuáles seguros debe comprar y si son seguros domésticos (locales al país de destino) o internacionales.

Orientación cultural y choque transcultural

El equipo de campo y los creyentes locales, conociendo bien el contexto local, podrán proveer una orientación cultural buena. Sin embargo, va a ser importante que la agencia enviadora comunique esta expectativa al campo y dé seguimiento de que ocurra.

En ciertos casos, el equipo local está tan sobrecargado con trabajo y ministerio que tienen poco tiempo para dedicarse a otras cosas, incluyendo la integración de un nuevo miembro; no priorizar esto sería un error.

Por lo mismo, tanto la agencia como el líder del equipo local deben monitorear la progresión de la adaptación y choque cultural del obrero en el nuevo contexto y estar ahí para animarlo, darle pautas y recordarle de su entrenamiento y las herramientas que tiene para perseverar y adaptarse.

Un buen acompañamiento puede cambiar lo que podría volverse una experiencia traumática a una frustración menor para el obrero.

Un buen acompañamiento puede cambiar lo que podría volverse una experiencia traumática a una frustración menor para el obrero.

Evaluación y retroalimentación periódica

Casi siempre que le pregunto a un nuevo candidato que está aplicando a Reflejo qué es lo que espera recibir de la agencia, entre otras cosas está en su lista: un guía.

El obrero considera a la agencia la experta en cómo un obrero debe llegar al campo, cómo debe progresar a través del tiempo y qué es considerado un ministerio exitoso. Por lo tanto, el obrero espera retroalimentación periódica por parte de la organización. Una evaluación completa y retroalimentación franca al obrero tiene el potencial de animarlo al celebrar los avances y resaltar algunas áreas de crecimiento que tal vez ignoraba. Tu agencia puede apoyarse en el equipo de campo, líderes nacionales, u otros para ayudarte a evaluar al obrero, pero no debes abdicar tu responsabilidad como organización de que esto deba ocurrir.

Estructura de liderazgo de campo

Si has podido desarrollar las áreas de movilización, evaluación de candidatos y entrenamiento bien, es cuestión de tiempo hasta que comiences a enviar tus primeros obreros al campo. Sea que envíes tus propios equipos o secundes obreros a agencias receptoras, pronto te vas a encontrar con un reto: tu capacidad en el área de envío.

Es probable que las primeras unidades (solteros, parejas o familias) misioneras las puedas manejar tú solamente. Al fin y al cabo, enviar entre 1-5 obreros y cuidarlos estando ya en el campo te va a exigir tiempo y enfoque, pero no son aún tantos. Si tu equipo de oficina sigue siendo de uno (solo tú), entonces, entre movilización, evaluación de candidatos, entrenamiento y cuidado de obreros ya en el campo, tu enfoque va a estar muy esparcido.

Un primer paso saludable es reclutar a un supervisor de campo. Para este primer supervisor tienes que tomar una decisión intencional, ¿buscas a alguien que va a estar basado en el campo de ministerio o en la oficina (si no tienes una oficina física, en el país o región de donde se envían obreros)?

Ambos tienen ventajas y desventajas y eventualmente vas a necesitar ambos roles. En parte, lo que va a informar tu decisión van a ser tus necesidades y enfoque (por ejemplo, si tienes 8 obreros entre 2 países separados, poner un líder en un país no necesariamente te ayuda a cuidar a los miembros del otro de la misma manera). Otra cosa que va a informar esta decisión va a ser identificar a la persona correcta y evaluar si está dispuesta a mudarse y cuáles fortalezas trae al equipo.

Si optas por que tu primer líder esté basado en el campo, algunas ventajas que tendrás serán:

• El líder va a tener una cercanía relacional y geográfica con los obreros de campo.

• El líder va a vivir varios de los retos del día a día al estar en el campo, lo que va a establecer confianza con los obreros de que entiende lo que están pasando.

• El líder va a poder ver concretamente las necesidades de campo inmediatas y comunicarte qué necesitan los obreros y la obra (más obreros, recursos específicos, entrenamiento en ciertas áreas, etc.).

• El líder va a poder evaluar a nuevos candidatos a través del filtro de la realidad del campo donde el líder vive y obstáculos/oportunidades puntuales.

Algunas desventajas con que el líder viva en un campo ministerial:

• La comunicación y cercanía de la relación entre el director de la agencia y el líder de campo va a ser más difícil.

- El líder de campo va a sentir una cercanía más fuerte a su equipo de campo que a la identidad organizacional general, lo cual puede crear conflicto a futuro.

- Si ministra en un campo cerrado, ciertas comunicaciones van a ser limitadas entre el líder de campo y el equipo de liderazgo, iglesias que apoyan a los obreros e incluso donantes de la organización. Lo mismo puede ocurrir (por otras razones) si el líder vive en una zona rural o sin internet o electricidad constante.

- El líder puede sobre-involucrarse en el ministerio directo en el campo en vez de dar un paso atrás y priorizar su tiempo en el cuidado de obreros.

- El líder va a tener oportunidades limitadas para desempeñar su cargo y cumplir funciones con el equipo de oficina como dar entrenamientos presenciales a candidatos pre-campo, compartir en iglesias, reunirse con el equipo o visitar a donantes de la organización.

- Si los obreros viven en más de un campo ministerial, todas las ventajas son limitadas al campo donde vive el líder.

Si eliges que tu primer supervisor de campo trabaje desde la base de la organización, va a tener las siguientes ventajas:

- Cercanía relacional y facilidad de comunicación con el director de la organización y el equipo de oficina

- Facilidad para comunicarse con nuevos candidatos, iglesias y donantes

- Capacidad de dar entrenamientos pre-campo presenciales y participar en reuniones estratégicas presenciales en la base de la agencia

- Una mejor percepción de la "gran imagen" de la organización y todas sus diferentes áreas y cómo pueden interactuar con el área y los obreros de campo

Y las siguientes desventajas:

- Distancia geográfica con los obreros de campo

- Una posible percepción (real o no) de parte de los obreros de campo que el líder no entiende la realidad de campo

- El líder no va a tener una imagen tan concreta de lo que está ocurriendo en un campo ministerial específico

Otra decisión muy importante es la selección de este líder. Cuando te sientes sobrecargado por el número de obreros u oportunidades en frente de tu agencia, es fácil buscar a cualquier miembro dentro de tu equipo, sea la persona que puede levantar fondos más rápidamente o simplemente la primera persona que te encuentras en tu camino que esté dispuesta a asumir el rol y aliviar el peso que sientes encima. Sin embargo, una elección pobre de un supervisor en el área de campo va a tener serias implicaciones.

En primer lugar, esta persona va a ser el punto de contacto para tus obreros de campo. Cuando un obrero tenga una pregunta, un problema o necesite consejo, ánimo o simplemente un amigo, esta va a ser la primera persona de la organización a la que va a acudir. La manera en que el obrero experimenta su interacción con tu agencia misionera va a ser en su mayoría definida por su supervisor directo.

Segundo, los obreros van a asumir que esta persona ha sido seleccionada como líder de esta área porque es un buen ejemplo de cómo un obrero va actuar. Las fortalezas del líder que eliges, al igual que sus debilidades, van a ser adaptadas y emuladas por el resto de tus obreros de campo bajo su cargo a través del tiempo. Los obreros van a adaptarse a la manera de trabajar de este líder o eventualmente saldrán de la organización.

Las fortalezas del líder que eliges, al igual que sus debilidades, van a ser adaptadas y emuladas por el resto de tus obreros de campo bajo su cargo a través del tiempo.

Tercero, si esta persona no tiene experiencia profunda de campo, es probable que no sepa cómo responder a varias necesidades y preguntas que los candidatos u obreros de campo tengan. Si tu líder en un área no sabe responder correctamente a las preguntas del área con respuestas basadas en experiencia, tu agencia va a perder credibilidad tanto con tu equipo interno como externamente con posibles candidatos, socios, iglesias y donantes.

Una vez que hayas identificado, reclutado, entrenado e incorporado a un buen líder de campo al equipo (lo cual no es un proceso corto y hacerlo bien te tomará tiempo, enfoque e intencionalidad), vas a darte cuenta que el sentido de alivio que tienes por haber delegado la responsabilidad directa de obreros de campo no va a durar.

Si tu agencia está operando con excelencia, más personas van a querer ser parte de ella, y si tu nuevo líder suma capacidad, credibilidad y trae su propia red de contactos a la organización, es posible que pronto tengas una lista de candidatos que otra vez supere la capacidad de este primer líder.

Un balance que estamos descubriendo que resuena con otras organizaciones con las que hemos hablado, es que para que un supervisor cuide con excelencia a sus obreros, quieres tener 1 supervisor por cada 8-15 obreros de campo. En varias organizaciones la relación es más alta, pero típicamente esto es por necesidad, no por ser considerado una práctica idónea.

La siguiente etapa en el departamento de campo va a ser la de tener niveles intermedios de liderazgo fuerte. Primeramente, vas a querer invertir intencionalmente en tus líderes de equipos de campo (si son equipos propios) para que ellos a su vez puedan cuidar bien a sus equipos. Considera lo siguiente, si tienes un buen supervisor de campo cuidando a 8 líderes de equipo que a su vez cuidan 8 obreros en sus equipos respectivos, puedes llegar a tener 72 obreros en el campo sin sobreestructurar demasiado la organización.

Sin embargo, cuando te acercas a tener entre 20-30 obreros en una región geográfica, generalmente es bueno identificar a un líder regional que pueda cuidar al resto de los líderes y obreros (de una manera más indirecta que los líderes de equipo) en su región. Similar al perfil de tus directores de campo, vas a querer personas con más experiencia de campo, con dones de liderazgo que vean como un privilegio enfocarse en cuidar a otros obreros en lugar de hacer el trabajo de evangelizar a los no alcanzados como su ministerio primario.

Cuidado integral

El área de cuidado integral en el envío misionero es históricamente nuevo. Por los últimos 2000 años el viaje de un misionero al campo no tomaba horas o días, sino semanas o meses. Más allá de eso, una vez en el campo, el misionero estaba limitado en su comunicación a cartas escritas a mano y enviadas a través de viajeros que podrían tomar el mismo tiempo en llegar. La interacción y comunicación entre el misionero y la agencia no era fácil o rápida y por lo tanto el cuidado de un obrero era muy limitado.

La tecnología de hoy nos permite mantener comunicación constante con nuestros equipos y acompañarlos de una manera más íntima. Esto nos da una ventaja ya que nos provee un medio para entrenar, escuchar, alentar y aconsejar a misioneros que, sin ese acompañamiento intencional, podrían fácilmente desanimarse y abandonar la obra.

Este rol de acompañamiento es lo que hoy en día llamamos generalmente en español cuidado integral, cuidado pastoral o cuidado del obrero/miembro. Poner énfasis en el área de cuidado integral va a ser clave para la retención y potencialización de los obreros en los que ya has invertido tanto tiempo movilizando, evaluando, entrenando y enviando al campo.

Cómo implementar cuidado integral en tu agencia

Hay varias preguntas que debes hacerte como líder de la organización: ¿Cómo debemos implementar este enfoque de cuidado integral? ¿Es algo que todos deben hacer o es delegado a un grupo de especialistas en el equipo? ¿Y si es un equipo separado, donde encaja? ¿Es parte del departamento de campo o un área independiente?

Entonces, debería ser ¿un departamento separado o parte de la cultura del equipo? La respuesta es ambos. Creyentes acompañándose mutuamente es algo muy común en la Biblia, y todos somos llamados a vivir en comunidad. Por lo tanto, todos los miembros de tu agencia hasta cierto nivel tienen la responsabilidad y deben ser equipados con herramientas para cuidarse mutuamente. Si alguien en tu equipo está triste, dale un abrazo y ora con ellos, y si está enfermo, cuídalo. Pero si está desangrándose, necesita ayuda médica profesional. Lo mismo ocurre en el acompañamiento: hay áreas donde el vivir y servir en comunidad unos con otros puede hacer que nos animemos y nos cuidemos mutuamente. Sin embargo, también hay situaciones delicadas donde una ayuda más intencional, profunda o profesional es necesaria.

Esto ocurre por tres razones:

1. **No siempre podemos dar lo que otros necesitan**: si un misionero de tu agencia en el campo está pasando una dificultad o crisis difícil o larga, por más que otros miembros de su equipo quieren ayudarlo, tienen que balancear la ayuda que prestan con sus otras responsabilidades personales, familiares, ministeriales, y laborales. Puede ser el caso que un miembro de tu equipo necesite ayuda más profunda de la que el resto del equipo pueda proveer en algunos casos.

2. **No siempre sabemos cómo ayudar**: una vez tengas un poco de historia como organización te vas a dar cuenta que el ministerio puede ser caótico. La vida, guerra espiritual, la naturaleza pecaminosa de los miembros del equipo, crisis externas o algo más pueden crear situaciones complejas. No todos en el equipo saben cómo abordar todas las situaciones y a veces abordarlas de una manera incorrecta puede empeorar el problema en vez de ayudar. Tener un equipo especialmente entrenado para responder en situaciones más complejas le puede dar tranquilidad a toda tu agencia al saber que si se enfrentan algo que no saben cómo abordar, van a recibir ayuda de su misma organización.

3. **No siempre somos la persona ideal para ayudar**: a veces tú eres el problema. A veces yo soy el problema. Lo mismo es cierto para los miembros de tu equipo. Situaciones de conflicto interpersonal recurrentes significan que las personas involucradas no están pudiendo solucionar un problema independientemente de ayuda externa. Lo mismo ocurre cuando un obrero tiene una queja o frustración con su líder de equipo, supervisor o iglesia enviadora. ¿Si el problema lo sientes de parte del que te cuida, a quién puedes acudir para aliviar el problema?

Por estas razones es bueno tener un equipo de acompañamiento especializado. Por lo mismo es importante que este equipo tome la experiencia y conocimiento que tienen en acompañar y cuidar obreros y constantemente buscar maneras de entrenar al resto de la organización en cómo cuidarse mutuamente. Si esto funciona, la mayoría de situaciones pueden ser abordadas a nivel de equipo directamente y el grupo especializado solo es llamado para responder a casos más serios y continuar entrenando al resto de la organización.

Si este equipo debe existir, ¿dónde debe encajar? ¿Debería ser una rama del ministerio de campo y reportarse al director de campo, o ser un brazo separado de la organización que se reporta directamente al director ejecutivo o a alguien más?

Conversando con varios líderes en otras agencias misioneras y escuchando experiencias de varios obreros de campo que me cuentan cómo ha sido su experiencia con el equipo de cuidado integral en su organización, yo recomendaría que esta área no se reporte a campo.

El que el director de cuidado integral se reporte a campo y no al director ejecutivo (u otro líder) tiene una sola ventaja, libera un poco el tiempo del director ejecutivo. Sin embargo, puedo pensar en varias desventajas si el equipo de cuidado integral esté bajo el área de campo y no del director de la organización:

- El director ejecutivo pierde un poco el pulso de la organización y su bienestar

- Si hay conflictos entre obreros o líderes de campo con los directores de campo, el equipo de cuidado integral va a estar en una posición difícil para abordar esta categoría de problemas ya que conciernen a sus supervisores directos.

- Los obreros van a sospechar (sea cierto o no) que el equipo de cuidado integral reporta todo lo que les cuentan con los líderes de campo y van a tener reservas para compartir ciertas cosas.

- El equipo de cuidado integral va a asumir o ser motivado por sus supervisores a que su prioridad sea el cuidado de obreros en el área de campo solamente y no darle la propia atención al cuidado de miembros de otras áreas de la organización (movilización, entrenamiento, oficina, etc.).

En el caso de Reflejo, hemos decidido por estas razones que el equipo de cuidado integral sea autónomo del equipo de campo y que colaboren, pero no tengan una relación vertical en nuestro organigrama. Sugiero que hagas lo mismo.

¿Cuidado integral o cuidado pastoral?

En inglés la mayoría de agencias occidentales (Norte América y Europa) llaman a esta área "member care" lo cual significa cuidado del miembro. En español, sin embargo, el término que usamos generalmente de cuidado integral es uno mucho más detallado e implica no sólo un cuidado superficial o pastoral sino holístico del obrero.

Algunas organizaciones han optado por llamar a su equipo Cuidado Pastoral en lugar de Cuidado Integral ya que el cuidado integral implica un nivel de cuidado mucho más alto y no quieren crear expectativas falsas. Incluso dentro de Reflejo, hay miembros del equipo que me han preguntado si no sería mejor llamarlo cuidado pastoral ya que este equipo de acompañamiento no va a estar integrado con supervisión de campo ni toma decisiones estratégicas.

Otras cosas que el cuidado integral podría implicar para algunos es una expectativa de provisión de finanzas, apoyo médico y beneficios adicionales. La línea entre el cuidado integral y el paternalismo innecesario puede ser una línea borrosa que cada organización debe aprender a navegar.

En nuestro caso, no hemos optado por el término de cuidado pastoral ya que lo que proveemos es un cuidado mucho más amplio. Junto con nuestro acompañamiento pastoral tenemos psicólogos profesionales dentro del equipo listos para responder a áreas puntuales. También hemos hecho un esfuerzo para tener una red de voluntarios o socios en áreas como dirección espiritual, entrenamiento profesional, educación en áreas como finanzas personales, cómo abordar guerra espiritual, trabajo con equipos multiculturales, consejería pre matrimonial, matrimonial, para solteros. Todas estas son áreas de desarrollo profesional, entrenamiento o acompañamiento a obreros y otros miembros de la agencia que queremos y podemos proveer.

Cómo identificar un líder de cuidado integral

Tu pionero que desarrollará esta área en tu agencia va a ser una persona clave, que además es un perfil difícil de encontrar. Él o ella va a ser no solo la persona que cuide a tu equipo, sino también la persona que va a darle forma al departamento de cuidado integral.

Decisiones como quién más es invitado a formar parte del equipo, cuáles herramientas o metodologías son utilizadas en el cuidado y entrenamiento de obreros para que se cuiden mutuamente van a caer en sus manos. También va a ser la persona que te ayude a formar documentos, recursos, y protocolos referentes al cuidado integral en múltiples áreas.

Reflejo ha sido bendecido con una primera directora de cuidado integral excelente, pero no fue fácil encontrarla. Si fuera a buscar nuevamente a alguien, aquí estaría mi lista de deseos (lo más probable es que nadie cumpla con toda la lista):

1. Alineada con la visión, declaración de fe, y filosofía ministerial de la organización.

2. Encaja bien culturalmente con el resto del equipo. Tanto los líderes como otros en la organización se sienten cómodos conversando con ella.

3. Tiene varios años de experiencia de campo y puede comprender y aconsejar a obreros viviendo variadas circunstancias de vida y ministeriales.

4. Tiene educación y certificaciones profesionales activas como consejera o psicóloga.

5. Tiene una pasión por acompañar a obreros caminando diferentes etapas de su vida y carrera ministerial.

6. Tiene un perfil emprendedor y es capaz o está dispuesta a aprender cómo crear un departamento de cuidado integral que debe incluir:

- Un sistema de registros de comunicaciones

- Protocolos y alertas que avisen cuando un miembro necesite ayuda profesional y estar dispuesta a proveerla o encontrar alguien que la pueda proveer

- Protocolos que guíen los principios de confidencialidad y cuándo aplican y cuándo no

- Protocolos para saber cómo responder a situaciones de crisis y cuándo involucrar a otros líderes de la organización o autoridades externas

- Crear documentos que comuniquen claramente al obrero los principios que guían el departamento de cuidado integral

7. Tiene o está dispuesta a desarrollar una red de contactos especializados en diferentes áreas relevantes a cuidado integral a los que puede acudir para consultar.

8. Tiene una disciplina de oración profunda.

Cuidado proactivo y reactivo

Hay dos momentos en los que uno puede cuidar al obrero: antes y después de que algo ocurra.

Antes es mejor.

Hay dos momentos en los que uno puede cuidar al obrero: antes y después de que algo ocurra.
Antes es mejor.

Si el equipo de cuidado integral puede proactivamente preparar a los miembros de tu agencia a navegar diferentes retos, la experiencia de cada obrero y miembro de tu agencia va a ser mucho mejor.

En cada área antes mencionada que cuidado integral atiende, uno puede darle medicina al obrero una vez que esté enfermo o, mejor aún, vacunarlo desde antes preparándolo para afrontar los retos que vienen. Tienen que tener la capacidad para hacer ambos, pero mientras más puedan hacer del lado preventivo, mejor.

Esto significa que tu equipo de cuidado integral debe crear herramientas para preparar al candidato incluso previo a salir al campo. Es importante que tus sistemas de entrenamiento con todas sus herramientas colaboren con cuidado integral para crear buenos recursos en esta área.

Otra ventaja de que el equipo de cuidado integral se conecte proactivamente con obreros en entrenamiento y socialmente antes de que surja una necesidad es que, una vez el obrero necesite contactar al equipo de cuidado integral por algún problema (que puede que le cause miedo, culpa, vergüenza u otra emoción negativa), se va a sentir más cómodo contactando a alguien con el que ya es familiar.

Re-entrada al país de origen

Cuando un obrero vuelve a su país de origen, sea temporal o permanentemente, necesitará que la agencia entienda y vele por su bienestar y necesidades específicas en esa época.

Un obrero puede volver por un gran número de razones como:

1. Levantar finanzas

2. Descanso o temporada de licencia entre períodos en el campo

3. Evacuación de campo por seguridad o enfermedad

4. Enfermedad o fallecimiento de un familiar

5. Terminar su carrera como misionero o jubilación

Necesidades físicas

Entre las necesidades físicas que tendrá, quiero resaltar tres:

Sea que venga de regreso a casa por una crisis o simplemente como parte de la rutina, necesita descanso. No solo acaba de estar en un largo viaje atravesando el mundo para llegar a su país de origen, pero es probable que no se dé cuenta de lo intenso que ha sido su jornada ministerial en el campo hasta después de tener unos días para descomprimirse.

Es natural que las buenas intenciones de una familia o iglesia sean venir en grupo a recibir al obrero al aeropuerto, tener una fiesta para recibirlo y buscar rodearlo de amigos y familia que lo han extrañado por los próximos días o semanas. Tal vez la iglesia quiere celebrar el retorno del obrero e inmediatamente invitarlo a compartir sus historias de campo una vez llegue de retorno. Sin embargo, el obrero, recuperándose de una diferencia de 10 zonas horarias, necesitará descanso por varios días primero.

La iglesia que le da espacio inicialmente para que tenga varios días de recuperación y para descansar y tal vez lo bendice trayéndole comida, le da al obrero un regalo muy grande, tanto que va a ser difícil para el obrero expresar qué tan significativo es. Si la comunidad en su país de origen no está preparada para esto, la agencia puede ayudar al obrero a gestionar que aproveche una parada a media ruta y pase unos días en una casa de retiro descansando para llegar a casa más recuperado.

Algo más que el obrero necesitará es alojamiento y algún medio de transporte. Dependiendo de a dónde va o si tiene familiares, es posible que sea bueno comunicarse con la iglesia local para que ayude a coordinar alojamiento para el obrero. Una nota acá es asegurarse de que no haya mitos como el que algunos mantienen de que "los obreros aguantan todo." Así que, no quieres que el misionero, cansado, regrese a su país de origen y la primera noche la pase en casa de un miembro de la iglesia, durmiendo en un sillón con tres gatos encima. Un lugar apropiado para descansar es importante.

Lo tercero y tal vez lo más preocupante para el misionero pueden ser sus finanzas. Es común que, al regresar a su país de origen, los donantes del obrero asuman que "está en casa, el ministerio terminó" y, por lo tanto, más fondos no son necesarios. Esto puede ser económicamente devastador para el obrero, sobre todo para el obrero que está regresando a su país para levantar más finanzas y volver al campo ya que siente que en vez de avanzar, retrocede.

Recuerdo cuando mi esposa y yo volvimos de estar en el campo la primera vez a Estados Unidos, de donde es su familia; ese mes, nuestro apoyo bajó un 70% porque no habíamos comunicado bien a nuestros donantes que, aunque nos reubicábamos, seguíamos desempeñando un rol ministerial de tiempo completo.

Nuestro apoyo bajó un 70% porque no habíamos comunicado bien a nuestros donantes que, aunque nos reubicábamos, seguíamos desempeñando un rol ministerial de tiempo completo.

Si el obrero está terminando su carrera ministerial para cambiar de enfoque o jubilarse, es posible que necesite apoyo financiero por un tiempo para una etapa de transición. El nivel y duración del apoyo deben ser coordinados con la agencia teniendo en cuenta las necesidades del obrero y el contexto al que regresa y ser claramente comunicados con sus donantes para que sepan que deben permanecer apoyándolo ahora que regresó, pero con una fecha límite clara.

Va a ser importante que ayudes al obrero y a su iglesia a saber cómo comunicar que el ministerio y necesidad financiera continúan a pesar de la estadía temporal o permanente en el país de origen del obrero.

Necesidades emocionales y espirituales

Al dejar el campo, el obrero probablemente va a necesitar acompañamiento en distintas áreas. Si su salida fue repentina o traumática, necesitará alguien con quien procesar sus emociones. Si sale por un largo periodo o permanentemente, también necesitará un tiempo de duelo por lo que pierde al no vivir en ese campo y un tiempo de celebración por lo que recibirá en esta nueva época.

Al adaptarse al campo, el obrero ha adoptado partes de la cultura local como la suya propia y ha cambiado. Para sus amigos en su país de origen que lo ven volver, él se va a ver como el mismo amigo que salió hace meses o años, pero por dentro el obrero será una persona muy distinta.

Un obrero que sirvió en una zona de pobreza extrema puede sentirse muy incómodo con una fiesta que consideraría lujosa que lo reciba para celebrar su retorno. Y una obrera que vivió por varios años en una cultura donde los hombres y mujeres no deben ni mirarse puede no saber cómo responder a todos los hermanos de la congregación queriendo abrazarla y darle la bienvenida.

Lo ideal es que la agencia pueda caminar cercanamente con el obrero durante su reentrada a su país de origen y también coordine con la iglesia previo a su llegada para que estén al tanto de estas necesidades.

Necesidades relacionales

Durante su retorno, el obrero va a querer pasar tiempo con familiares y amigos. Crear espacio para esto es muy importante. Los obreros pagan un alto precio al alejarse de aquellos que aman por varios años para poder vivir en el campo. Estos preciosos momentos que pueden pasar juntos son muy importantes para ellos y sus seres queridos.

Planificación y entrenamiento adicional previo al retorno al campo

Otra área en la que la agencia puede servir al obrero previo a su retorno al campo es el de actualizarlo sobre los cambios que han sucedido en la agencia. La organización probablemente tiene mejores entrenamientos disponibles de los que tenía cuando el obrero salió al campo. Como mínimo, entre lo que el obrero ha olvidado y las realidades que han cambiado (tecnología y ciberseguridad, por ejemplo), una actualización de ciertos entrenamientos va a ser muy útil para el obrero.

No solo repasar lo previamente aprendido es relevante, sino aprovechar los nuevos entrenamientos que son difíciles de tomar desde el campo (por temas de distancia, zonas horarias, modalidad de enseñanza, o seguridad), los obreros pueden aprovechar este tiempo en casa para participar y regresar al campo con ideas frescas y bien descansados.

Acompañando a hijos de obreros

Si eres un padre no tengo que explicarte la importancia de esta sección. Cuando tus hijos están bien, tú también; y si ellos tienen algún problema, entonces, resolver ese problema va a ser lo más importante para ti.

Tu equipo de cuidado integral debe tener como prioridad crear la capacidad para acompañar a los hijos de los obreros. Cosas como ayudar a los padres a identificar oportunidades educativas desde el campo para sus hijos son muy importantes. También lo es que otros miembros del equipo sepan cómo invertir en los hijos de los obreros, invitarlos e involucrarlos en actividades cuando sea posible y amarlos cuando están en el campo. Cuidado integral puede proveerles ideas, herramientas y recursos variados en esta dirección.

Herramientas para abordar una crisis

Algo que a nosotros en Reflejo nos es relevante ya que trabajamos en lugares donde la seguridad es un factor importante es el estar listos para abordar diferentes crisis o eventos traumáticos. Cómo caminas con un obrero después de una crisis puede hacer toda la diferencia en cómo procesan el evento emocional, psicológica y espiritualmente y puede ser la diferencia entre perseverar en la obra a pesar de dificultades o abandonar el ministerio.

Sin embargo, cuando ya estás en medio de una crisis, es probablemente muy tarde para buscar soluciones o herramientas que ayuden. Te animo que, como nos ha tocado a nosotros, inviertas el tiempo en prepararte para responder a diferentes situaciones y que tu equipo esté claro en cómo cuidar a un obrero, y caminar con su familia y su iglesia/comunidad durante y después de una crisis.

Confidencialidad, ministerio y leyes locales

Algo que el equipo de cuidado integral va a querer considerar es tener una postura concreta referente a la confidencialidad. Podrías ir al extremo de decirle al obrero que cualquier cosa que compartan con tu equipo de cuidado integral va a ser comunicado con sus supervisores, pero esto significa que el obrero no va a ser plenamente transparente en este escenario ya que sabe que lo que diga puede afectar su relación con su supervisor o su trabajo.

Por lo mismo podrías ir al otro extremo y darle a entender al obrero que no importa lo que te diga en una sesión con un miembro de cuidado integral, queda en esa habitación. En ese caso el obrero se va a sentir mucho más cómodo y va a compartir más. ¿Pero qué haría cuidado integral si el obrero le confiesa algo grave como un crimen, adulterio, relación ilícita con un menor, adicción a substancias ilegales, o robo de finanzas de la organización? Estos son solo ejemplos y quizás son un poco extremos comparado al día a día que va a navegar cuidado integral, sin embargo, tu equipo quiere estar preparado para saber cómo responder en tales situaciones.

Si miembros de tu equipo de cuidado integral están licenciados en psicología van a ser muy familiares con ciertos parámetros profesionales en cuanto a los límites de confidencialidad que tu agencia debe de adoptar. Los requerimientos de ética profesional serán una guía segura para tu organización. Por lo mismo, poder consultar con un profesional y estar familiarizado con las leyes del país donde tus consejeros viven y el país donde reside tu obrero te informará para saber qué y cuándo es necesario reportar a las autoridades.

Finalmente, tú y los líderes de diferentes departamentos deben estar claros con el director de cuidado integral en cuanto a cuándo esperan escuchar de él sobre situaciones que sean necesarias que sepan. Retroactivamente, el equipo de cuidado integral debe tener una política en lugar que requiere que le informen al obrero, desde su primera interacción, cuáles son los límites de confidencialidad y bajo cuáles circunstancias y a cuáles personas se tiene que reportar un problema.

Por otro lado, el consejero tendrá todo el derecho de compartir sus recomendaciones al supervisor del obrero (o algún otro líder) sin mencionar la información confidencial compartida en la sesión, (por ejemplo: recomiendo que este obrero tenga unas vacaciones muy pronto).

Proveyendo cuidado integral a organizaciones y obreros externos a tu agencia

Si tienes un buen líder en esta área, es posible que puedan desarrollar el departamento más allá de la necesidad de tu agencia. Recuerda, una persona en el equipo de cuidado integral puede cuidar a varios equipos en áreas de campo u otras áreas.

Por lo tanto, si el equipo de cuidado integral crece más rápidamente que tus necesidades internas, te animo a no frenar el crecimiento. Considera la opción de ofrecer la capacidad de cuidado integral de tu agencia para entrenar y cuidar a miembros de otras organizaciones u obreros que han salido al campo solos.

Hay un gran número de obreros en el campo hoy en día que podrían ser bendecidos por un acompañamiento relacional como el que le provees a tus obreros. Es posible que Dios invite a tu equipo de cuidado integral a tener una visión más amplia que la de cuidar solamente a los miembros de tu agencia y les llame a servir a otros una vez que ya esté funcionando su departamento con excelencia.

07

FUNCIONES ADMINISTRATIVAS

Comunicaciones

Comunicaciones es un área que puede tener un impacto muy significativo en el éxito o fracaso de tu agencia. Comunicaciones como departamento puede crear y publicar recursos e información que:

1. Ayuda a candidatos a encontrar y seleccionar a tu agencia como la que los puede enviar al campo

2. Enseña a iglesias sobre misiones y genera más oración por proyectos u obreros de campo en tu agencia

3. Comparte visión con posibles donantes y socios buscando cómo invertir en el reino de Dios

4. Comunica necesidades y problemas con transparencia, ayudando a tus socios, donantes y audiencia a entender lo que estás pasando, como orar por ti, dar generosamente y apoyarte en una época difícil

5. Cuenta las historias de lo que Dios está haciendo a través de tu agencia, dándole la gloria a Él y llevando a muchos a adorarlo en respuesta

Si tu agencia fuera una persona, tú, el visionario eres el corazón, tu equipo nuclear de liderazgo el cerebro, tus obreros las manos y pies, pero ¿comunicaciones? Comunicaciones es la boca y voz de tu organización. Piensa qué tan importante es tu voz en tu día a día. Así de importante será el equipo de comunicaciones a tu agencia.

Comunicaciones es la boca y voz de tu organización. Piensa qué tan importante es tu voz en tu día a día. Así de importante será el equipo de comunicaciones a tu agencia.

Tu equipo de comunicaciones, sea una persona o varias, debe cumplir varias funciones, pero lo principal es que mantenga el flujo de comunicación abierto entre tu agencia y aquellos interesados en ella (candidatos, donantes, intercesores, etc.).

Los métodos de comunicación van a cambiar basados en tu contexto, la preferencia de tu audiencia y cambios en tecnología que vengan a futuro. La estructura y responsabilidades de tu equipo de comunicaciones dependen grandemente en los canales de comunicación que utilice tu agencia. En Reflejo, como ejemplo, Comunicaciones se encarga de:

1. Recopilar y redactar historias de diferentes partes de la organización para compartir

2. Enviar correos electrónicos mensuales a nuestra lista entera de distribución (intercesores y donantes) con algunas de estas

historias y otra información relevante (en español e inglés en nuestro caso)

3. Mantener al día la página web y redes sociales de la agencia

4. Ser el primer punto de contacto para responder a cualquier duda de alguien externo hacia la organización, o como mínimo, referir el contacto a la persona indicada en el equipo

5. Crear video llamadas ocasionales donde socios de Reflejo pueden escuchar historias de campo

6. Crear materiales promocionales que ayuden al equipo de movilización a buscar más candidatos, a miembros de Reflejo a compartir de la agencia con sus contactos, y explicar la visión, enfoque y proyectos de la agencia clara y concretamente a nuestros socios o potenciales donantes

Relaciones con donantes

En algunas organizaciones, esta área y la de comunicación son una sola, o puede que esta sea una de las áreas de enfoque del fundador o director de la agencia. A veces la junta directiva o el equipo de liderazgo de la organización van a apoyar en esta área. Sin embargo, si tu agencia es exitosa en cumplir su misión y sigue creciendo, es probable que eventualmente esta área tenga que volverse un departamento independiente.

Si decides formar esta área en tu agencia, es importante que entiendas cuáles actividades desempeña este rol. Es fácil caer en la tentación de pensar que relaciones con donantes solamente significa que tú le dices a esta persona o equipo cuál es tu presupuesto anual y ellos van a pasar todo el año buscando levantarlo de una base de contactos que tenga tu agencia o sus redes de contactos personales.

Y mientras su rol sí incluye el de invitar a socios a invertir financieramente, y también es cierto que buscan cumplir con un presupuesto específico; sin embargo, tu equipo tiene que entender que tienen una responsabilidad mucho más importante. Dios está llamando a tu agencia no solamente a cumplir una misión en el campo sino también, en el proceso, a discipular un gran grupo de personas que van contigo a cumplir tu misión. Esto incluye a la gente que forma parte de tu agencia y por eso inviertes en ayudarlos a crecer y en cuidarlos, pero también se extiende a todos los voluntarios, intercesores y donantes que apoyan tu misión y visión.

Dios está llamando a tu agencia no solamente a cumplir una misión en el campo sino también, en el proceso, a discipular un gran grupo de personas que van contigo a cumplir tu misión.

Tu equipo de relaciones con donantes debe entender que es su responsabilidad caminar junto con y, hasta cierto punto, pastorear y discipular a tus socios. Si tu organización invierte en sus socios, y los ayudas a aprender las mismas lecciones que has aprendido tú de Dios que te han llevado a ver la importancia de la visión que estás cumpliendo, a través del tiempo ellos también van a querer ser parte de la misma.

Yo no soy bueno en esta área y por esta razón he tenido que reclutar a alguien para lanzar este departamento que es excelente en formar relaciones. Y él se siente suficientemente cómodo para recordarme y corregirme cuando me enfoco más en las finanzas que en las relaciones con personas que Dios ama y quiere discipular. Es importante que estés listo para compartir todos tus números, necesidades y oportunidades en el momento que te pregunten, pero la relación viene primero. Como dijo Theodore Roosevelt: "A la gente no le importa cuánto sabes, hasta que saben cuánto te importan."

Algo más que va a ser importante es que tu líder de esta área sea parte de la conversación para nuevas iniciativas y la planificación estratégica. Básicamente, si algo nuevo que haces va a resultar en un costo no previamente esperado, inclúyelo en la conversación para que te ayude a saber si es necesario esperar hasta que esas finanzas lleguen a la organización o si se puede identificar a un donante específico para financiar este proyecto. Cuando tocamos el área de finanzas conversaremos más sobre el equilibrio entre operar por fe y operar con prudencia.

Una decisión que vas a tener que tomar en esta área es si los miembros de este equipo van a ser asalariados para tu agencia o tendrán que levantar sus propias finanzas. Quiero compartirte ambas opciones con sus ventajas y desventajas.

Si ellos tienen que levantar sus propias finanzas, las ventajas son:

* No tienes costos recurrentes para que se sumen a la organización.

* Sabes que van a ser personas comprometidas con la misión y no solo buscando un trabajo.

* Vas a verlos en acción y ver como levantan finanzas personalmente, incluso antes de comenzar a trabajar para levantar fondos para tu agencia.

Desventajas:

* Cuando interactúan con potenciales donantes, van a tener que decidir constantemente si los invitan a que los apoyen personalmente o a la organización, esto puede crear situaciones incómodas para ellos, tu agencia, o el donante.

* Puede que consuman su red personal levantando sus propias finanzas y si los hubieran direccionado a apoyar a la organización directamente (para luego ser pagados por ella), posiblemente su red podría haber contribuido más generosamente.

- Un profesional con experiencia en esta área probablemente tiene varias oportunidades de otras organizaciones que son remuneradas y no va a considerar tu invitación seriamente.

Si son asalariados y levantan solamente para la organización, las ventajas son:

- Tienen un enfoque claro, todos los contactos nuevos y donantes son redirigidos a la organización.

- Como sienten que sus ingresos van a ser estables, pueden hacer la inversión relacional (la ruta larga) en vez de tomar el atajo de enfocarse en el dinero muy rápidamente e ignorar el aspecto relacional.

Desventajas:

- Tienes costos fijos mensuales que tu agencia va a incurrir para contratarlos desde el primer día, mucho antes de que sean efectivos.

Algo relevante a considerar aquí es qué tan rápidamente verás un retorno en la inversión de contratar a alguien en este rol. La experiencia de la mayoría de agencias que tienen data en relación a este tema que conozco están en Estados Unidos así que, aunque la siguiente información puede darte una idea general, es posible que sea distinto para tu contexto (en nuestro caso, recientemente hemos contratado a alguien para este rol y aun no tenemos resultados que abarcan suficiente tiempo para compartir).

Lo que sí te comparto, es que, generalmente hablando, lo siguiente es cierto:

1. Año 1: El levantador de fondos levanta un 25% de su salario (lo que significa que 75% de tu inversión de ese año no regresa a tu agencia).

2. Año 2: El levantador de fondos levanta un 50-75% de su salario (lo que significa que 25-50% de tu inversión de ese año no regresa a tu agencia).

3. Año 3: El levantador de fondos levanta 100% de su salario, este año no ganas o pierdes.

4. Año 4+: El levantador de fondos levanta entre 3-5x su salario anualmente.

Como ves, hasta el tercer año vas a ver un retorno en tu inversión. Esto crea un dilema. Tú estás buscando a un levantador de fondos porque probablemente tienes una necesidad económica seria. Sin embargo, esta información nos diría que lejos de ayudarte los primeros tres años, desarrollar este rol puede ser una carga fuerte a tu agencia.

Por lo tanto, no debería sorprenderte aprender que la mayoría de las organizaciones no llegan nunca a tener a nadie en este rol a tiempo completo. De la misma manera puedes asumir que, aunque la carga de contratar a alguien para este rol es la más pesada económicamente, el sumar más personas al equipo puede volverse más fácil mientras más crece tu presupuesto anual y el salario para esta posición se vuelve un porcentaje cada vez más pequeño del total.

Algunas maneras de sobrellevar esta barrera creada por tres años de inversión es buscar algún tipo de alternativa. Trabajar con una fundación u organización que entienda este reto y ame tu visión puede significar que te ayuden con una inversión por tres años sabiendo que no va a ser una necesidad permanente, sino que eventualmente va a haber una fuente de ingresos recurrente para tu agencia.

En el caso de Reflejo, este tipo de ayuda externa nos ha ayudado a poder reclutar a alguien cuando lo necesitábamos, seguramente varios años antes de lo que habríamos podido hacerlo si tuviéramos que hacerlo solos.

Si decides dar el salto y reclutar a alguien, vas a tener otra decisión que tomar: ¿Quién es la persona correcta para tu agencia?

Ya hemos hablado de reclutar a varias personas así que las categorías generales de alineamiento cultural, visión, etc. las sabes. También te mencioné al inicio de esta sección que debe ser alguien con un enfoque altamente relacional y que va a saber escuchar varias veces la palabra "no" de potenciales donantes y no tomarlo personalmente, sino seguir perseverando en la tarea que Dios le ha dado.

Sin embargo, algo más que quieres preguntarte es: ¿conviene contratar a alguien con experiencia en esta área o una persona nueva con el perfil correcto que puedas entrenar internamente?

Alguien con más experiencia va a ser más caro, pero también va a tener todas las herramientas y conocimiento para iniciar y sus resultados pueden ser más rápidos. Si viven en este mundo y ya han levantado fondos previamente, aparte de trabajar con tu red de socios, es muy probable que ya tengan una amplia red de otros potenciales donantes con los que han trabajado antes y que confían en ellos. Aunque un profesional sea más caro, tiene sus ventajas.

Alguien con poca experiencia, pero con energía, visión y perseverancia también puede ser la elección correcta para tu agencia. El costo de contratarlo va a ser más bajo, pero no va a tener las fortalezas o red de contactos que traería alguien con más experiencia. Si contratas a alguien sin experiencia y tú tampoco tienes esta experiencia profesionalmente, asegúrate de conectar a tu nuevo miembro del equipo con alguna organización o persona que pueda y esté dispuesto a mentorear y ayudarlo a aprender cómo funciona este mundo.

Recursos humanos

Cuando tu agencia crece, eventualmente vas a sentir el deseo de tener a una persona o equipo enfocado en recursos humanos. Yo primeramente sentí el deseo de tener a alguien en este rol cuando teníamos 20 empleados (asalariados o levantando fondos) y habíamos sobrepasado los 120 voluntarios.

A ese tamaño, aunque hubiera sido útil tener a alguien, aún no lo necesitábamos realmente y no pudimos justificar el gasto. Hoy en día, seguimos esperando para llenar este rol. Por lo que me comentan amigos que lideran otras organizaciones más grandes, si esperas hasta tener 50-75 empleados antes de buscar a un coordinador de recursos humanos, probablemente has esperado demasiado.

Si esperas hasta tener 50–75 empleados antes de buscar a un coordinador de recursos humanos, probablemente has esperado demasiado.

Tu personal de recursos humanos puede ayudarte con varias áreas en la organización:

Reclutamiento (que es distinto a la movilización) es uno muy útil. En movilización tu equipo está buscando ayudar a potenciales candidatos a las misiones escuchar un llamado misionero y caminar el proceso con ellos. Sin embargo, como ves en este libro, en lo que tu agencia crece, muchas otras áreas especializadas van a ser necesarias. Cuando sea el momento de buscar un director de finanzas o un especialista en informática, por ejemplo, puedes acudir a recursos humanos para reclutar a alguien.

Administración es otra área muy útil. Que haya alguien encargado cuando llegue un nuevo aplicante a tu agencia (sea un candidato al área de campo u otro equipo) que sea responsable de caminar el proceso de candidatura con el candidato es muy útil. Algunos ejemplos incluyen:

• Asegurarse que el candidato tenga toda la información y aplicaciones relevantes

- Que llene todos los documentos correctamente

- Contactar o entrevistar a sus referencias

- Agendar entrevistas entre el candidato y el posible supervisor u otros entrevistadores

- Asegurarse que el proceso se mueva de una manera eficiente y no quede a medio camino o sin una respuesta clara para el candidato

Por otro lado, después de ser aceptado, recursos humanos puede ayudarte a:

- Catalogar los documentos de candidatura y decisión de aceptación en tus archivos

- Darle a tu nuevo miembro del equipo la orientación inicial (o en nuestro caso, el kit de bienvenida)

- Asegurarse que el miembro del equipo obtenga cualquier herramienta necesaria para desempeñar su trabajo (por ejemplo, su dirección de correo electrónico de la organización)

- Asegurarse de tener registrados datos importantes del nuevo miembro del equipo en el sistema de la organización (por ejemplo, información de contacto de emergencia)

- Asegurarse que el candidato cumpla todos los requisitos de entrenamiento y levantamiento de finanzas previo a su salida al campo

Y una vez el obrero esté listo para salir al campo:

- Verificar vigencia de visas y pasaportes y recordar con antemano al obrero y supervisor cuando es necesario renovarlas

- Verificar vigencia de seguros médicos, de guerra (si necesarios para el campo ministerial) y de viaje

Otros beneficios que recursos humanos puede brindar son:

- Administrar herramientas de entrenamiento y agendar/coordinar entrenamientos grupales basado en el número de obreros en etapa de preparación o recapacitación

- Negociar contratos grupales con compañías de seguro o beneficios basados en el número de personas en tu agencia que aprovechan estos beneficios

- Ayudar con la evaluación periódica de resultados y fruto en el campo, reportar resultados al liderazgo y coordinar con comunicación para crear reportes relevantes para socios

Varios de estos ejemplos pueden ser hechos directamente por los supervisores, los obreros o, en algunos casos, simplemente no cumplirse. Sin embargo, quería compartir una lista detallada de ideas del valor agregado que un equipo de recursos humanos puede traer a una organización.

En nuestro caso nos hemos dado cuenta que un paso inicial entre no tener nada y tener a un coordinador y/o equipo completo de recursos humanos es iniciar con un asistente general que cubra algunas de estas responsabilidades y hacer que el rol crezca a la par de la organización.

Informática

Un área en la que no pensamos mucho es informática. Sin embargo, como tienes la tarea de crear una organización que va a tener personas viviendo en diferentes países, comunicándose constantemente de manera virtual y, en algunos casos, utilizando comunicaciones cifradas, esta no es un área que debas ignorar.

Tenemos una persona ayudando en informática y nos hemos dado cuenta con su participación, cuánto realmente toca la informática en el día a día de una agencia misionera. Informática nos ayuda en áreas como:

- Proveer entrenamientos de ciberseguridad a nuestros obreros con rumbo a contextos sensibles

- Ayudar a nivelar a cualquier miembro de la organización con herramientas digitales esenciales para su trabajo

- Mantiene al día nuestros sistemas de comunicación asegurándose de que las personas necesarias tengan herramientas como:

  □ Correos electrónicos de la organización

  □ Correos y mensajería cifrados

  □ VPNs

  □ Cuentas de Zoom profesionales

  □ Gestores de contraseñas seguros

- Mantiene el portal digital de la organización donde almacenamos archivos, tenemos comunicación interna, creamos documentos colaborativos, etc.

- Ayuda a mantener los protocolos de ciberseguridad como garantizar que la gente cambie sus claves periódicamente

- Mantiene al día certificados del portal, la página web, etc.

- Responde a tickets, problemas, errores, bajas del servidor o cualquier otra necesidad para que la organización continúe funcionando sin interrupciones

- Si tuviéramos una oficina física, probablemente nos ayudaría a mantener al día los dispositivos electrónicos

- Mantiene en observación nuevas tecnologías que pueden volverse útiles para nuestra organización

Finanzas y contabilidad

Quiero aprovechar este espacio en que estamos conversando de las diferentes áreas para clarificar algo muy importante donde varios ministerios y agencias en general tienen confusión; esto es la relación entre las áreas de finanzas y contabilidad.

Es fácil asumir, como ambos son referentes al manejo de dinero, que son una sola área o que como mínimo son áreas muy relacionadas y un perfil muy similar abordará una y la otra. Esto puede ser un grave error que puede limitar el potencial de tu agencia.

Contabilidad es la disciplina de mantener un registro correcto y exacto de los ingresos y gastos de una organización. Contabilidad se enfoca en el presente y pasado. Contabilidad debería manejar sistemas en tu agencia que puedan decirte, como ejemplo:

- Cuánto dinero tienes en cualquier momento, de dónde proviene y dónde está ubicado

- Cuánto ha donado un donante específico durante la historia de tu agencia o en cualquier otro periodo de tiempo

- Cuáles son tus gastos más fuertes

- Cuántas transacciones bancarias hiciste este mes

- Cuántos ingresos y cuántos gastos has tenido en los últimos 3 meses

La contabilidad es una función administrativa y es exitosa cuando sigue protocolos, cumple reglas y presta atención a detalles. Un día aburrido sin sorpresas es un buen día en el mundo de la contabilidad. Dicho de otra manera, un contador es un historiador financiero para tu agencia.

Finanzas en contraste, es una función estratégica, se enfoca en el futuro. Finanzas recibe datos del área de contabilidad y la utiliza para sintetizar información relevante a la agencia. Una vez tiene esa información, finanzas toma decisiones estratégicas sobre el futuro de la agencia basadas en la información que tiene.

Por ejemplo, finanzas puede pedir datos de cuánto en donaciones (ingresos) ha tenido los últimos 5 años. Si el área de finanzas compara los ingresos de los últimos 5 años puede determinar que hay un aumento de ingresos anuales de 20% por año como promedio, pero nunca baja de 10% de incremento. Con esta información, finanzas puede determinar que se sienten cómodos estableciendo un presupuesto operativo para el próximo año que sea 15% más alto que el del año presente.

Finanzas, entonces, tiene la capacidad de determinar cómo utilizar ese 15% adicional. Puede decidir incrementar el presupuesto de todos los departamentos por 15% como puede decidir abrir una cuenta de ahorro para una compra mayor a futuro o invertir el excedente en una nueva iniciativa que la organización está lanzando.

De esta manera, mientras los contadores son historiadores los de finanzas son ajedrecistas. Y entre esos dos perfiles hay una gran brecha de diferencia. Por eso, si creas un solo departamento que comparte ambas responsabilidades, de una u otra manera, pierdes. Un ajedrecista va a estar aburrido trabajando en contabilidad y un contador no va a estar cómodo con los riesgos rutinarios en el mundo de finanzas. Incluso, si creas departamentos separados que reportan a un solo líder de un perfil o el otro, te puedes encontrar con retos.

Mientras los contadores son historiadores los de finanzas son ajedrecistas. Y entre esos dos perfiles hay una gran brecha de diferencia.

Áreas de tensión

Tensión es distinto a conflicto. Un conflicto o problema debe ser resuelto con una finalidad; una tensión debe ser navegada, no resuelta. La siguiente categoría resalta algunas tensiones que tu equipo enfrentará en las que ambos lados tienen argumentos legítimos y ambos lados deben defender su posición.

Una tensión debe ser navegada, no resuelta.

Piensa en un puente hecho de sogas y madera con dos grupos jalando las sogas a cada lado. Si las cuerdas están muy flojas, el puente no sirve. Si un lado jala demasiado y el otro deja de jalar, el lado que deja de jalar caerá al abismo. Y si ambos jalan demasiado, la cuerda se rompe.

Las tensiones requieren un balance y es un arte navegarlas. Vas a tener que revisitar las siguientes áreas constantemente y ver cómo afinar la tensión en cualquier área de tu agencia en cualquier momento. Es como afinar una guitarra, no dura mucho tiempo afinada, pero una vez que esté afinada correctamente lo que puede crear es increíble.

Oportunidades y finanzas limitadas

Un hermano argentino con más experiencia que yo desarrollando organizaciones me dijo hace unos años: *"Dave, tu organización está en una etapa de crecimiento agresivo. Tu equipo va a traerte oportunidad tras oportunidad por las cuales van a estar emocionados, y todas van a ser para hacer cosas buenas. Pero tu trabajo es decirles que no, tienes que demorar el crecimiento hasta que los ingresos crezcan a la par que las oportunidades."*

La tensión a la que él alude es una muy común en las organizaciones, y también una muy delicada. Por un lado, una vez tu agencia se establezca y comience a crecer, vas a tener una ola enorme de oportunidades que van a venir a ti. La triste realidad es que no hay suficientes organizaciones y líderes enfocados en terminar la Gran Comisión con excelencia, por lo tanto, cuando un líder aparece, pronto se puede ver inundado en un mundo de oportunidades destellantes.

Por otro lado, las oportunidades ministeriales generalmente vienen más rápidamente que las finanzas y, para este punto, vas a ser muy familiar con una realidad inevitable: el ministerio tiene un costo. Puede que tu modelo ministerial sea uno muy bueno en el que puedas tener mucho fruto con bajos costos, pero, incluso con esa ventaja, las finanzas pueden ser un determinante de tu capacidad para hacer crecer tu ministerio.

Sin embargo, si no das pasos valientes, en fe, intentando cosas nuevas y tomando riesgos, es probable que nunca llegues a atraer las finanzas que deseas para cumplir tu visión. Sin un cierto nivel de finanzas tu ministerio no va a poder cumplir su visión a su máximo potencial y la otra cara de la moneda: sin resultados que vienen al asumir riesgos y vivir por fe, es difícil que atraigas el nivel de apoyo financiero necesario para cumplir tu visión.

Sin resultados que vienen al asumir riesgos y vivir por fe, es difícil que atraigas el nivel de apoyo financiero necesario para cumplir tu visión.

La tensión aquí viene en la velocidad a la que dejas crecer tu ministerio, y esta tensión no la enfrentan todos. Si no puedes hacer que tu ministerio despegue, nunca enfrentarás el riesgo de que crezca demasiado rápido.

En un lado del puente está lo que voy a llamar caminar con la fe de un niño, algo que Jesús nos llama a hacer. Si me dejo guiar por esta fe hoy (imagínate a este lado del puente jalando tan fuerte que el otro lado cae al abismo) podría ver que para cumplir con todas las iniciativas que nos gustarían explorar, necesito contratar a unas 10 personas más.

Puedo emocionarme, organizar los nuevos equipos, y esperar el fruto. Sin embargo, cuando llegue el fin de mes, voy a tener que ir a las 10 personas nuevas con la cola entre las piernas y confesarles que no tenía los fondos para contratarlos cuando lo hice y voy a tener que despedirlos a todos sin poder pagarles.

¿Te das cuenta cómo este extremo puede ser contraproducente en varios niveles?

- 10 personas que renunciaron a otro trabajo antes de venir a mi organización ahora no tienen ni trabajo ni ingresos

- Los 10 van a haber tenido una experiencia muy negativa con una agencia misionera y no me sorprendería que se desanimen de involucrarse en misiones totalmente

- Yo pierdo credibilidad con mi equipo porque no vi el problema venir y actué con imprudencia

- Nuestra organización pierde credibilidad porque no termina los proyectos que comienza y ahora no solo estas nuevas iniciativas dudan si vamos a poder continuar, sino todos nuestros proyectos comienzan a susurrar con incertidumbre

Si mi decisión fuera al otro extremo, sería muy cauteloso y tendría que tener todas las respuestas y recursos preparados antes de iniciar. Jesús nos dice que nos aseguremos de tener las finanzas antes de construir la torre, si no, podríamos dejarla a la mitad y volvernos el hazmerreír del pueblo (lo que ocurrió en el ejemplo pasado).

Si tomamos la postura en este otro lado de tener todo preparado antes de iniciar, jalando la soga hasta que el otro lado caiga, no habría fe en la organización. Estamos confiando en nuestras propias fuerzas, y ni siquiera eso porque estamos esperando tener el rompecabezas completo antes de comenzar. La realidad en este caso es que nunca tenemos todas las respuestas o recursos antes de iniciar y Dios se alegra con nuestra fe y provee sobre la marcha.

Hay cosas que no vas a aprender hasta haber experimentado y fallado un poco; eventualmente tienes que dar el primer paso. Organizaciones que toman esta postura de extrema preparación exclaman: "¡Listos! ¡Apunten! ... ¡Apunten! ... ¡Apunten! ... ¡Apunten! ... ¡Apunten! ... ¡Apunten!" y nunca gritan:

¡FUEGO!

Tristemente, este segundo ejemplo es uno demasiado común entre los cristianos. Yo incluyo partes de mi historia y testimonio en esta categoría. Tristemente he pasado demasiado tiempo apuntando, pero, por la gracia de Dios, estoy mejorando.

Dios me ha enseñado que la gente que cambia el mundo es la gente que grita "¡FUEGO!" Cuando gritamos "¡FUEGO!" Dios se glorifica.

A ti y a tu equipo les va a tocar aprender donde caen en este espectro entre los dos extremos. La experiencia de cada uno de nosotros y nuestras organizaciones con Dios es, hasta cierto nivel, única pero sí puedo darte mi consejo referente a este tema:

Nunca me he arrepentido de gritar: "¡FUEGO!"

Nunca me he arrepentido de gritar: "¡FUEGO!"

Navegando riesgo: actitud apostólica o pastoral

En la primera sección exploramos los 5 perfiles: apóstol, profeta, evangelista, maestro y pastor además de evaluar lo que son las modalidades y sodalidades.

Una de las diferencias entre las modalidades y las sodalidades, que es compartida por las personas con un perfil apostólico o pastoral, está en qué priorizan.

Las modalidades y los pastores aman a las personas; cuidan al rebaño y tienen como pasión y responsabilidad el proteger el reino establecido. Por lo tanto, cuando se encuentran con un riesgo que amenaza a su rebaño, lo evitan, incluso si eso significa no completar una misión.

Las sodalidades y los apóstoles tienen como enfoque el expandir el reino y cumplir la Gran Comisión. Cuando se enfrentan a un riesgo, tratan de mitigarlo para proteger a su equipo ya que no quieren ser imprudentes, pero rara vez van a superponer la seguridad de un individuo al cumplimiento de la misión de Dios. Puede que los apóstoles posterguen el proyecto, modifiquen su estrategia o hagan algún otro cambio para sentirse más seguros, pero no está en su naturaleza temblar frente al miedo.

Esta es otra tensión que debes navegar en tu agencia: la tolerancia al riesgo. En la categoría previa hablamos de un tipo de riesgo, el riesgo económico. En esta sección quiero resaltar el riesgo físico y emocional.

La tendencia de las sodalidades de tolerar un nivel más alto de riesgo es una de las razones por la que son necesarias para cumplir la Gran Comisión. Los lugares aún no alcanzados después de 2000 años no son los seguros, los fáciles, o los cómodos. ¿Quieres hacer una diferencia? Debes ser valiente.

Los lugares aún no alcanzados después de 2000 años no son los seguros, los fáciles, o los cómodos. ¿Quieres hacer una diferencia? Debes ser valiente.

Sin embargo, solo porque tu agencia sea una sodalidad, no significa automáticamente que todos los miembros van a tener la misma postura al riesgo, y no deberían. Además, en tu interacción con las iglesias con las que colaboras para el envío de obreros vas a encontrarte con una variedad de posturas y niveles de tolerancia al riesgo.

Será importante para ti y tu equipo tener algunos principios claros que expliquen tu postura referente al riesgo y asegurarte de que todos los candidatos entiendan y acepten los riesgos involucrados previo a su salida al campo.

Seguridad y compartir información

Solo porque las sodalidades sean osadas no significa que sean imprudentes. Si tienes buenos líderes de campo lo primero que les va a hacer perder el sueño en la noche es la posibilidad de que algo les pase a los obreros que acompañan. Este es el caso con nuestros líderes de campo y esta es mi mayor preocupación también.

No es que no tengamos miedo a veces, es que entendemos que la misión es más importante que el miedo. Con eso en mente, una manera en la que el liderazgo de campo va a cuidar a sus obreros en lugares de acceso creativo es protegiendo sus identidades y la visibilidad de su ministerio, especialmente en internet o medios de comunicación.

Para que un obrero opere tranquilamente en un país que no permite obreros, su identidad debe ser protegida. Para que esto ocurra, se debe evitar compartir información sensible acerca de los obreros, equipos, proyectos de campo de la organización, etc. abiertamente en las iglesias, células, grupos de oración o por internet.

Sin embargo, otros grupos dentro de tu agencia van a tratar de jalar la soga en la otra dirección: aquellos que movilizan, aquellos que comunican y aquellos que levantan fondos.

Los que movilizan quieren compartir en muchos casos exactamente esta información para inspirar a otros a orar por los misioneros, considerar ser misioneros ellos mismos y si están seriamente interesados, sumarse a alguno de estos esfuerzos existentes.

Los que levantan fondos (sea para la organización o los obreros en sus comunicaciones con donantes) van a querer compartir información de la organización y todas las historias increíbles de lo que Dios está haciendo a través de ellos y sus equipos. Estas historias van a ayudar a intercesores a orar específicamente por necesidades concretas y ser inspirados a invertir generosamente en el reino de Dios a través de estas obras.

Y aquí está el dilema, en cierto sentido los campos de acceso creativo y comunicación/movilización/levantamiento de fondos jalan en direcciones distintas, y de alguna manera debes recordarles que todos jalan en la misma dirección: buscando la gloria de Dios y el éxito de tu agencia. Hora de afinar tu guitarra.

Emprendedores y administradores

Aquí revisitamos la diferencia entre contabilidad y finanzas. Al igual que en este ejemplo, vas a ver el reto entre dos perfiles repetirse en diferentes partes de tu agencia.

Los emprendedores en tu equipo van a querer explorar nuevas oportunidades y lanzar nuevos ministerios. Ellos estarán cómodos en terreno desconocido y descontrolado. Los administradores en tu agencia se van a regir por las reglas, les gusta el orden, los sistemas. Cada idea o iniciativa nueva que un emprendedor trae a un administrador es como encontrar una pieza extra a un rompecabezas que ya estaba terminado en su mente.

Cada idea o iniciativa nueva que un emprendedor trae a un administrador es como encontrar una pieza extra a un rompecabezas que ya estaba terminado en su mente.

Necesitas un apoyo administrativo para tener un nivel de estructura y estabilidad que ayude a tu agencia a funcionar. Sin sistemas sólo hay caos. Sin embargo, necesitas que la innovación de los emprendedores rejuvenezca tu agencia. Un famoso dicho explica:

"Cuando tu organización cambia más rápido que el mundo alrededor, lidera. Cuando se vuelve más lenta y no puede seguir el paso del cambio del mundo externo, comienza a envejecer y eventualmente muere."

Es probable que haya otras tensiones que no se me han ocurrido en esta sección. El secreto para identificar una tensión a balancear en contraste a un problema a resolver es que, en una tensión ambos lados tienen un argumento legítimo. ¡Oro para que Dios te dé sabiduría y discernimiento en esta área!

08

MODELO ECONÓMICO

Ya hemos pasado un buen tiempo enfocándonos en cómo formar cada área de la agencia. Algo que puedes estarte preguntando después de ver todas las áreas, iniciativas y miembros de equipo involucrado es: ¿Cómo podré financiar todo esto?

Esto nos lleva a evaluar el motor económico de una agencia y a explorar sus tres áreas:

1. Cómo generar ingresos: distintos modelos para agencias denominacionales y no denominacionales

2. Cómo administrar ingresos: mayordomía y transparencia

3. Cómo utilizar ingresos: invirtiendo, no gastando

Denominacional

La agencia denominacional, como mencioné previamente, tiene algunas alternativas que las agencias no afiliadas a una denominación no pueden acceder.

Una alternativa es que la denominación centralice el levantamiento de fondos y distribuya un porcentaje a la agencia según su presupuesto. Este puede ser simplemente un porcentaje predeterminado del fondo general, un monto del presupuesto anual, lo que sea que las iglesias contribuyan directamente a un fondo designado para misiones o alguna combinación de las opciones previas.

La denominación puede utilizar modelos variados para levantar un fondo de misiones de sus iglesias:

1. Promesas de Fe es un término utilizado en algunas denominaciones para recolectar compromisos por parte de los miembros de las congregaciones que les da un estimado de qué pueden esperar en contribuciones a las misiones durante el año.

2. Conferencias de Misiones de la denominación o hechas en iglesias específicas son una buena oportunidad para motivar a los líderes y las iglesias a invertir generosamente en el fondo misionero.

3. Donaciones especiales alrededor de algún otro evento. El mes de la iglesia perseguida o el día de la independencia de su país pueden ser oportunidades bonitas para contribuir al ministerio en lugares donde aún no hay libertad religiosa, por ejemplo.

Otra alternativa para las denominaciones es, en vez de centralizar el levantamiento de fondos, que faciliten acceso a la agencia para que se conecte con cada iglesia directamente y las invite a apoyar la misión económicamente. Esto puede ser mucho más laborioso inicialmente para la agencia, pero a largo plazo desarrolla una relación más estrecha entre la agencia y las iglesias. También crea un sentido de autonomía e independencia (aunque solo sea económica) de la oficina central de la denominación si esta no canaliza las finanzas.

La agencia no denominacional también tendrá que levantar fondos y, a continuación, vemos algunas opciones que son disponibles a agencias no denominacionales.

No denominacional

Sin la cobertura de una denominación, la agencia no denominacional no tiene el alcance inicial que beneficia a su contraparte. Sin embargo, si Dios te ha llamado a formar una agencia, Él ya tiene en mente como proveerá. En esta sección exploramos dos modelos y algunas otras alternativas para suplementar ingresos para la organización.

Porcentaje de ingresos de obreros

Un modelo muy común es el de retener un porcentaje de los ingresos de cada obrero de tu agencia para el fondo general.

Explico: Asumamos que tu porcentaje de retención es de 12%. Si tienes 10 obreros, y cada uno tiene como presupuesto levantar para el campo $1000 dólares mensuales, les dices a todos que deben levantar un 12% adicional. Eso significa que cada uno levanta en total $1120 dólares; de esos, ellos se quedan con los $1000 que necesitan para su servicio y la organización retiene $120 por obrero. Con 10 obreros la organización recibirá $1200 mensuales y puede utilizar esos ingresos para cubrir sus gastos operativos que, de manera directa o indirecta, benefician al obrero.

Ventajas del modelo:

• Ingreso estable para la organización

• Cuando la organización crece, los ingresos crecen proporcionalmente (si los obreros se duplican, los ingresos también)

- Distribuye la responsabilidad de levantar fondos a través de toda la organización

- Los obreros pueden sentir que "contribuyen" a la organización

Desventajas del modelo:

- Eleva el presupuesto total que un obrero puede necesitar y hace más difícil que los obreros levanten 100% de lo que necesitan para salir al campo

- Donantes que quieren apoyar a obreros pueden sentir sospecha o escepticismo de que su obrero no reciba la donación completa

- Para enforzar este sistema se requiere que todos los fondos fluyan a través de la organización, si tu agencia recluta obreros de múltiples países esto se puede volver especialmente complicado

- Además, este sistema de canalización de finanzas (o como mínimo de monitoreo de ingresos mensuales cada mes) consume tiempo y recursos de la organización que pueden hacer que el modelo simplemente no sea rentable en ciertas ocasiones.

Algunas clarificaciones referentes a este modelo son necesarias. Primeramente, este es un requisito de la agencia, no un diezmo que los obreros dan, no es opcional y los obreros tienen su responsabilidad de continuar diezmando.

Segundo, cuando los ingresos del obrero fluyen el porcentaje guía el monto que recibe la agencia. Explico usando el ejemplo previo: si en lugar de levantar $1120 un mes solo recibe $800 un obrero, la agencia no demanda recibir los $120 completos sino solamente $96.

Si la agencia quiere un monto fijo, este es otro modelo llamado el modelo de membresía. Bajo este modelo la agencia puede decirle al obrero que mientras sea parte de la organización debe pagar costos de membresía fijos (ejemplo: $50 dólares mensuales). Esto es un monto uniforme para todos los obreros y no varía basado en qué tan alto es su presupuesto o las fluctuaciones de sus ingresos.

Tercero, con este modelo, es poco probable que la agencia sea completamente autosostenida y no requiera de levantar más finanzas. Si la agencia llega a ser autosostenida por este modelo, o mantienes costos operativos muy bajos y tienes un número muy grande de obreros o, más comúnmente, el costo para los obreros es demasiado alto y los sobrecarga.

Cuarto, aunque este modelo te funcione bien cuando tengas un número creciente de obreros a largo plazo, igual necesitarás ingresos fuertes para formar y mantener a la organización hasta llegar a ese punto. En este caso necesitarás suplementar los ingresos de la organización. Te invito a que sigas leyendo el resto de la sección y explores otras áreas que pueden suplementar este modelo si lo adoptas.

Sin porcentaje de obreros

Este modelo es mucho menos común, pero es el que Reflejo ha decidido adoptar. Como dice el título, en este modelo simplemente no retienes ningún porcentaje de los ingresos de tus obreros.

Ventajas:

- Cada obrero tiene un presupuesto más bajo que levantar y les es más fácil y más rápido llegar al campo

- 100% de lo que los obreros levantan va directamente a su trabajo en el campo

- Es preferido por muchos donantes y tienen un sentir de transparencia de parte de la agencia

- No depende de que todas las donaciones sean canalizadas por la organización. Por ejemplo, si tienes un obrero de otro país, puedes colaborar con su iglesia local para que reciba donaciones para el obrero localmente y se las envíe. Puesto que no retienes un porcentaje, no te crea ningún problema.

Desventajas:

- No tienes el beneficio de un porcentaje de cada obrero yendo al fondo operativo

- Tú y tu equipo de liderazgo tienen que levantar todo... repito, TODO el presupuesto operativo de otra manera

- Cuando buscas a donantes para el fondo operativo, si no saben que no retienen un porcentaje de los obreros, pueden asumir que necesitas más ingresos porque tus gastos operativos son demasiado altos o no sabes manejar las finanzas de la organización

Bajo este modelo, los obreros igualmente pueden optar por apoyar a la agencia si los invitas, pero es algo voluntario y probablemente sea un ingreso mucho menor que la retención porcentual.

Tu equipo debe estar preparado para levantar el fondo operativo (o como comúnmente es llamado el fondo general) de la organización. Próximamente evaluaremos las distintas rutas que tienes para cumplir esta meta.

Ingresos alternativos

Levantamiento de finanzas tradicional

Si eres una agencia no denominacional, no es muy probable que puedas levantar el fondo completo de la organización sin incluir el siguiente paso en tu estrategia: el de invitar a un gran número de individuos e iglesias a apoyar a tu agencia directamente.

Al comenzar tu agencia esto va a exigir que tú, el fundador, inviertas tiempo y energía compartiendo tu visión constantemente con aquellos que Dios pone en tu camino. ¿Y qué de los que no pone en tu camino? ¡Ve a buscarlos! No hay otra manera.

Si Dios te ha llamado a formar una agencia misionera, Dios te ha llamado a una vida de levantar finanzas para esta organización. ¿Y quién mejor que tú para hacerlo? ¡La visión la tienes tú! ¡La pasión también! Y estas, si las sabes comunicar, son inspiradoras.

Aquellos que te escuchan pensarán:

"¡Mira las agallas en esta persona! Ha visto un problema y se ha dado cuenta que una agencia misionera es necesaria para poder resolverlo. No basta una oración ni un buen deseo; tampoco es suficiente enviar un solo misionero. Es necesario crear toda una estructura para enviar múltiples equipos de misioneros. ¡Qué gran visión! ¡Qué valentía! ¡Corre a enfrentarse a Goliat con una honda! Me encantaría tener su valentía, me inspira y quiero ser parte de esto. ¿Dónde puedo donar?"

O tal vez van a escuchar toda tu presentación llena de emoción, pasión, y el llamado que compartes desde el alma y cuando los invites a donar van a sonreír y decir, "¡Dios te bendiga!" y quizás ofrezcan orar por ti, pero no prometen involucrarse financieramente.

Y esas interacciones nos duelen. Algunas más que otras, pero nunca son bonitas. En el momento después de compartir la visión que te quita el sueño y veas que alguien no lo capta, se te va a desinflar el globo. Las emociones caerán por el piso y vas a querer sentarte a comer helado enfrente de la tele y llorar.

Pero no vas a hacer eso. Porque en la primera sección de este libro le prometiste a Dios que perseverarías. Así que otra vez respira profundo, mira al cielo y di:

Jehová Jireh. (Dios proveerá.)

Con el tiempo, y perseverancia, el equipo que te acompañe en el levantamiento de fondos crecerá. Si quieres recordar cómo funcionan esas áreas, revisa otra vez las secciones de comunicaciones y relaciones con donantes.

Fundaciones y proyectos

Otra avenida que vas a querer explorar cuando tu agencia ya esté un poco más avanzada es identificar cuáles fundaciones están interesadas en el tipo de trabajo que tu agencia hace o incluso, interesados en el tipo de proyectos que tus obreros hacen en el campo.

Entrar a este mundo puede ser difícil y si puedes lograr que alguien en este entorno te presente y extienda credibilidad eso acelera mucho el proceso y puede abrir varias puertas.

Las fundaciones pueden ser muy variadas en intereses, sus parámetros y procesos para aplicar a una donación e incluso capacidad financiera. Hay fundaciones que les gustaría financiar un primer proyecto por $5000 dólares y hay fundaciones que podrían comenzar con un proyecto de $50,000 dólares.

Vale la pena investigar fundaciones y evaluar si están alineadas con el enfoque de tu misión. Sin embargo, ten en mente que, por ser montos grandes, van a tener muchos interesados y aceptar muy pocas propuestas. No esperes que repentinamente una fundación venga al rescate, pero, por otro lado, no dudes que Dios hace lo aparentemente imposible.

Algunas recomendaciones que te puedo compartir si presentas una propuesta a una fundación son las siguientes:

- Alineate con los valores y propósito de la organización

- Demuestra tu historial de trabajo, enfocándote en estos valores y propósito, incluyendo éxitos y aprendizajes

- Describe bien el proyecto que propones y los pasos concretos que vas a tomar

- Describe los resultados que esperas, en cuánto tiempo y cómo vas a medir los resultados para que ellos vayan a poder evaluar si el proyecto fue exitoso

- Asegúrate de cumplir con lo prometido. Si los resultados no se dan como los proyectaste, en tu reporte final a la fundación analiza el por qué. Esto hará que ganes credibilidad con la fundación para futuros proyectos.

Una de las mejores estrategias que he encontrado, incluso y especialmente cuando sabemos que aún no estamos listos para traerles una propuesta que vayan a aceptar, es que nos ayuden a entender, basado en donde estamos como organización, que les gustaría ver. Eso te dará unos indicios que pueden ser útiles para que crees capacidad antes de volver a contactarlos.

Cursos, eventos, libros y otros materiales

Otra manera de generar ingresos para la organización es a través de la venta de productos o eventos. Si tu agencia llega a desarrollar productos o eventos excelentes, que avancen la misión de tu agencia, el cobrar por ellos puede ser una muy buena opción.

Hay muchos líderes que tienen reservas acerca de cobrar por cursos, eventos, entrenamientos, libros, etc. Y parte de eso se origina en un corazón generoso y un deseo de que la mayoría de personas interactúen con el producto para que tenga el mayor impacto posible y no quieren que el dinero sea una barrera.

Sin embargo, el dinero es una herramienta, y si no lo tienes, es una barrera para que tu visión se cumpla. El no cobrar no te hace más espiritual. De hecho, cobrar ciertos productos va a crear, no solo ventajas para tu agencia, sino también para tu audiencia.

El dinero es una herramienta, y si no lo tienes, es una barrera para que tu visión se cumpla.

El que un curso, evento, libro o material tenga costo automáticamente le dice a alguien que considera comprarlo que tiene un valor y les exige un compromiso. Te doy un ejemplo, si te dijera que yo tengo dos cursos que doy: uno es gratuito y abierto al público y el otro cuesta $150 por acceder. Sin darte más información, ¿Cuál crees que es el mejor curso? ¿En cuál sientes que aprenderías más?

El de $150, ¿verdad? Aunque no lo puedas pagar, intuyes que ese curso es mejor y tiene algo valioso para brindarte. Por lo mismo si te registras a los dos cursos, ambos duran 1 semana, el gratis por la mañana y el pago por las tardes, y tienes que agendar una cita médica esa semana, ¿Cuándo la agendas? ¡En la mañana! Sospechas que el curso gratuito lo podrás tomar si deseas sin mayor problema en el futuro, ¿y si no? Igual no perdiste tu inversión.

Y si llegas a tomar un curso pagado, es probable que como estudiante te esfuerces más en participar, aprender, y aplicar lo aprendido comparado a un curso gratuito.

Otra ventaja de tener productos pagados es que el pensamiento de tu equipo al desarrollar los materiales o experiencia va a cambiar. Si un evento gratuito no sale bien, no es el fin del mundo, las cosas así pasan. Si un curso digital que están creando es mediocre, ni modo, es gratis pero siquiera es algo.

Pero cuando esperas que la gente pague, ahí sí tienes que demostrar excelencia. Después de todo, sabes que la gente va a sentirse seriamente decepcionada, si no defraudada, si no obtiene algo de valor por su inversión y esto dañará la credibilidad de tu agencia. No solo eso, vender algo por más de lo que vale, intencionalmente, es estafar y eso no es ético.

En conclusión, cobrar por productos hace que tu audiencia los tome en serio y que tu equipo tome con seriedad el desarrollar productos excelentes. Y tu visión merece exactamente eso, ser tomada con seriedad.

Negocios para el reino

En algunos casos, lo que se ha conocido como Negocios Para La Misión (BAM) o Negocios Por Transformación (B4T) que es hacer negocios para el reino puede ser una buena opción. Esta es una alternativa común para obreros que utilizan algún tipo de negocio o trabajo para autosostenerse (parcial o completamente) en el campo, pero también puede ser algo que tu agencia puede explorar.

En nuestro caso, nunca lo hemos explorado directamente así que mi experiencia a compartir es limitada. Sí hemos tenido varias oportunidades e invitaciones para considerar, pero ninguna nos pareció una idea adecuada para las fortalezas y necesidades de nuestra organización específicamente.

Resumo un poco las ventajas y desventajas que vimos durante las veces que consideramos esta posibilidad.

Ventajas:

- Si es exitoso se puede volver un ingreso estable para la organización

- Puede ser un buen laboratorio para entrenar a candidatos que quieren hacer negocios en el campo por una temporada

- Las lecciones que aprenderás en el negocio te ayudarán a reevaluar críticamente ciertas áreas de la agencia que pueden mejorar

Desventajas:

- Puede requerir una inversión alta inicial y no dar fruto

- Tu equipo no necesariamente tiene el conocimiento o experiencia en cómo desarrollar un negocio exitoso

- Y la que para mí fue más importante… tu enfoque estará dividido entre la organización y el negocio

Si decides explorar esta opción, te sugiero que lo hagas con mucha oración, busques a un buen mentor en el mundo de negocios que pueda caminar contigo, e inicies sin una inversión significativa de parte de la agencia.

Mayordomía y la importancia de transparencia

Ahora que hemos explorado cómo generar ingresos y donaciones para la organización, la siguiente etapa es saber cómo administrar estas finanzas.

El manejo de finanzas para una organización (ONG, fundación o negocio en contraste a finanzas personales) es un tema extenso que, por temas de brevedad, no voy a poder explicar en su totalidad aquí. Te sugiero que busques entrenarte en esta dirección si no lo has hecho previamente. En el Apéndice C encontrarás un libro recomendado llamado EmpreLiderazgo que toca un resumen simplificado de este tema.

Sin embargo, hay dos áreas importantes para todas las organizaciones sin fines de lucro, pero especialmente relevantes para aquellos que vivimos siguiendo el ejemplo de Cristo: la mayordomía y la transparencia.

Probablemente has escuchado varios sermones acerca de la mayordomía en la iglesia, voy a asumir que entiendes que significa y no repetir lo mismo. Lo que sí quiero reiterarte, y que sé que ya lo sabes, es que cuando tu agencia recibe una donación, esos fondos vienen a la misma vez, de un donante y de Dios.

Para un donante, ese dinero es mucho más que unos muchos o pocos dólares. Representan su esfuerzo, trabajo, sudor y tiempo para conseguirlos. También representan un paso de obediencia y adoración a Dios en dar a las misiones, un voto de fe en tu agencia y un sueño de que a través de los frutos que tu agencia produzca, su contribución pase de ser tesoro terrenal para ellos, a tesoros en el cielo.

COMO ENVIAR 100 MISIONEROS

Para Dios, las finanzas de por sí no son significativas. Él tiene recursos infinitos. Lo que sí es importante para Él son Sus hijos, a los cuales ama. ¡Dios ama al donante y se goza en la generosidad de un dador alegre! Celebra verlo dar pasos que demuestren que su corazón está con Él y Sus propósitos. Él desea que en su relación contigo, le discipules al donante hacia una continua madurez espiritual, generosidad, amor por las misiones y dependencia en Dios.

Él desea que en su relación contigo, le discipules al donante hacia una continua madurez espiritual, generosidad, amor por las misiones y dependencia en Dios.

Y contigo, Dios te ama y se goza en ver la pasión con la que has adoptado el llamado que te dio. Quiere verte tener éxito y ver los sueños que te ha dado cumplirse plenamente, más allá aún de lo que tú te imaginas. Sin embargo, conoce el camino que tienes por delante y los retos por venir, y estos recursos son una oportunidad para reforzar dos lecciones importantes que Él tiene para ti: (1) tu fe debe estar en el Proveedor, no en la provisión y (2) Dios desea ver tu fidelidad. Al final del día, Él quiere exclamar:

"Bien, buen siervo y fiel; sobre poco has sido fiel, sobre mucho te pondré; entra en el gozo de tu señor."
Mateo 25:23 (RV1960)

Quiero que reflexiones conmigo en lo que dice este pasaje. La mejor manera de asegurarte que Dios (y tus donantes) estará feliz de confiarte con más y más recursos para cumplir tu misión, es ejecutar con excelencia ahora, demostrando ser un buen mayordomo.

El segundo principio a resaltar después de la mayordomía es el de la transparencia. La transparencia me hace pensar en esos restaurantes donde puedes ver la cocina desde el comedor. Como todos los cocineros saben que están a la vista, esa cocina va a estar

100MISIONEROS.COM   113 siempre impecable y mantener todos los códigos de salud necesarios.

Sin embargo, hay muchos restaurantes donde la cocina está cerrada y los clientes no la pueden ver. Puede que ellos mantengan la cocina igual de impecable, pero el cliente no lo sabe. La visibilidad creada por la transparencia inspira confianza en los clientes de un restaurante e inspirará confianza en los donantes para tu agencia.

Tristemente en nuestro contexto latino, tenemos una larga historia de corrupción en organizaciones, dentro y fuera del mundo eclesiástico. Esto hace aún más importante la transparencia de tu agencia ya que varios potenciales donantes pueden comenzar con escepticismo o incluso cinismo basado en sus experiencias previas que no tienen nada que ver con tu agencia.

Debes entender cuáles son los requisitos legales para una organización en tu país y cumplirlos todos al pie de la letra. Adicionalmente, aunque no sea requerido, un reporte financiero anual a tus socios que detalle a grandes rasgos los ingresos, inversiones, gastos y resultados que proveyeron de estos será importante.

Igualmente, si retienes un porcentaje de las contribuciones dirigida a los obreros, debes ser transparente en cuál es ese porcentaje y qué tipo de gastos de la organización cubre. Esto es útil para que los donantes entiendan la necesidad de este porcentaje.

Principios para la inversión de recursos

La parábola de los talentos nos es muy familiar, y esa familiaridad es útil para enseñarnos muchas lecciones referentes a cómo invertir los recursos que Dios confía a nuestra organización.

Lo primero que aprendemos en esta historia es que Dios nos confía recursos que no son nuestros, pero somos responsables de invertirlos para recibir un retorno en esa inversión. Si tu agencia tiene recursos, sean muchos o pocos, es porque Dios te los ha confiado para invertir y un día vas a rendir cuentas basado en el impacto que estos recursos tuvieron.

Todos los siervos entendían que invertir los recursos significaba un riesgo, pero solo dos de los tres siervos asumieron el riesgo y trabajaron para invertir sabiamente y ver un retorno de sus inversiones. El tercer siervo tuvo miedo de asumir algún nivel de riesgo (incluso el riesgo de que el banco no le devolviera su dinero) y decidió esconderlo. Dios critica esta cobardía. En tu agencia, debes sentirte cómodo con un cierto nivel de riesgo inevitable y buscar maximizar el potencial de las oportunidades mientras reduces, pero no eliminas, el riesgo a fallar.

Dios nos da recursos de acuerdo a nuestra capacidad, pero nuestra capacidad no es estática:

"Sobre poco has sido fiel, sobre mucho te pondré."

Esta frase famosa en la parábola nos promete que nuestra fidelidad nos lleva a un campo de influencia más grande. Este principio también aplica a tu agencia. La mejor manera de asegurar que el impacto que pueda tener tu agencia a futuro (basado en influencia, oportunidades y también capacidad financiera) siga creciendo es el de ser mayordomos fieles y excelentes con las oportunidades que tienen hoy.

La mejor manera de asegurar que el impacto que pueda tener tu agencia a futuro siga creciendo es el de ser mayordomos fieles y excelentes con las oportunidades que tienen hoy.

Por lo mismo, si entierras o derrochas los recursos que has recibido, como el siervo que recibió un talento, es probable que pierdas lo que ya se te ha sido confiado.

El impacto numérico que los recursos que tenemos podrían producir también importa. Dios mismo, en la parábola de los talentos ve que hay inversiones (el hombre de un talento) que no dan un retorno y las elimina de su portafolio de inversiones, y aprovecha los recursos que ha liberado para redirigirlos a inversiones (el hombre que pasó de 5 a 10 talentos) que están dando resultados. Esto maximizará sus retornos a futuro. Si Dios hace esto con los recursos que Él tiene, entonces espera que tú hagas lo mismo.

Esto significa que, como líder, tú y tu equipo (consecuentemente entrenados por ti), deberán tomar decisiones difíciles para maximizar sus resultados con recursos limitados. El costo de oportunidad de cualquier inversión significa que deberás discernir entre muchas opciones buenas en las cuales podrías invertir y determinar en cuál Dios te está invitando a invertir.

Igualmente, debes honrar las decisiones que otros mayordomos hagan. Si Dios ha confiado ciertos recursos a un donante y él los está contribuyendo a tu agencia con una designación específica, debes honrar esa intención.

Esto significa que hay una gran diferencia entre recursos sobre los que puedes decidir tú cómo administrar y aquellos que llegan a tu agencia designados a un proyecto o área específica. La necesidad que tu agencia tendrá de recursos no asignados debe informar la estrategia de tu equipo de comunicaciones y levantamiento de fondos en cómo interactúan con donantes de tu agencia y los invitan a involucrarse. El educar a tus socios sobre las necesidades específicas y decisiones que tú consideras estratégicas y de alto potencial, va a ayudar a tu organización a largo plazo.

Es bueno que consideres todos estos principios y evalúes oportunidades críticamente para maximizar el impacto que tu agencia puede tener como un buen mayordomo. Pero recuerda, como un buen mayordomo, tu meta primaria es ser fiel a la voluntad del dueño de estos recursos. Por lo tanto, si Dios te guía claramente a hacer una inversión que no sería tu preferencia o encaja bajo estos parámetros claramente, tu responsabilidad no es la de cuestionar a Dios sino simplemente la de obedecer.

Tu responsabilidad no es la de cuestionar a Dios sino
simplemente la de obedecer.

Equipo de oficina: ¿Levantarán fondos o les pagarás un salario?

Una pregunta común es referente a personas en roles administrativos (informática, recursos humanos, etc.). ¿Se debe esperar que ellos levanten fondos para sus roles o deben ser trabajos remunerados donde la organización les paga? Puesto de otra manera, ¿esperas que ellos levanten fondos o los levantarás tú?

Si tienes un modelo económico donde recibes un porcentaje de lo que levanta cada obrero, con un número alto de obreros en el campo, tu presupuesto podría sostener salarios para algunos miembros del equipo. Si tu modelo depende completamente de que tú y tu equipo levanten el presupuesto operativo de la organización, este no será el caso. De igual manera, es muy probable que el fondo operativo que tengas se sienta chico en comparación a los posibles costos de contratar a uno o varios miembros al equipo.

Es probable que la posibilidad de contratar a un empleado para la organización se sienta abrumadora. La primera vez que consideré contratar a alguien (aunque fuera a medio tiempo), sabía que una vez él comenzara a trabajar para mi organización, la responsabilidad de asegurarse que la organización tuviera suficientes fondos para cubrir la nómina cada mes caería sobre mí.

Para este momento ya había aprendido a vivir por fe y levantar fondos como única fuente de ingresos para mí mismo por años, incluso saber que esa decisión no solo me afectaba a mí sino a mi familia. Pero contratar a alguien significaba que ahora otras familias dependerían económicamente de la organización de una manera más directa que cuando ellos levantaban fondos independientemente para ir al campo, y esa responsabilidad me asustaba.

Dios es el proveedor, y si Él te llama a contratar a alguien, Él proveerá. Una cosa es entender esta verdad intelectualmente, otra es ver el estado financiero de la organización cada mes y saber los nombres de los miembros del equipo que dependen de la nómina para proveer para sus familias. Asimismo, nada nos asegura que Dios proveerá para pagarle a alguien a quien Él nunca te mandó a contratar.

Contratar a alguien no debe ser algo que tomes a la ligera, pero tampoco debe ser algo que debes descartar categóricamente. Aquí te comparto algunas ventajas y desventajas de tener a miembros de tu equipo o en la nómina o levantando fondos.

Si ellos son responsables de levantar sus propias finanzas:

- Ellos no serán una carga adicional al presupuesto operativo de la organización.

- Puedes sentir la tentación de reclutar a alguien porque tiene la capacidad de levantar fondos y no la habilidad o experiencia para cumplir el rol que necesitas.

- No necesariamente encontrarás a alguien dispuesto a levantar fondos y calificado para el rol rápidamente. Incluso, una vez lo encuentres, se tomará un tiempo, entre 6-18 meses, en poder levantar su presupuesto y poder iniciar a trabajar para tu agencia.

- Si su sustento por parte de sus donantes baja durante su tiempo trabajando para tu agencia, es posible que deba interrumpir su rol temporalmente (desde unas semanas a unos meses) para levantar compromisos adicionales. Esto puede ser muy problemático para tu agencia dependiendo del trabajo que cumple ese rol.

- Los ingresos para el rol están atados a la persona, por lo tanto, si ellos no encajan en el rol y necesitas reemplazarlos, tendrás que comenzar el proceso con alguien más que esté dispuesto a levantar fondos.

Si decides contratarlos:

- Suben los costos operativos, esto puede sobrecargar el presupuesto de tu agencia.

- La capacidad de levantar fondos no es un factor determinante para el rol y puedes contratar a una persona exclusivamente por su capacidad de cumplir el rol necesario.

- Es más fácil exigir excelencia de un empleado que entiende que es pagado por una organización. A veces un miembro del equipo que levanta fondos siente que es parte de tu agencia de manera voluntaria y como voluntario en vez de profesional, no se exige de sí mismo excelencia al mismo nivel.

- Si la persona no es apta para el rol, no es muy complicado reemplazarlos comparado con aquellos que levantan su sustento.

- Si ya tienes las finanzas para contratar a alguien, es muy fácil encontrar a un candidato excelente que esté listo para iniciar a trabajar, no dependes de una larga temporada de buscar a alguien calificado y dispuesto a levantar fondos o esperar que levante fondos una vez aceptado por tu agencia.

- Vas a sentir esa carga psicológica de que los ingresos de otros dependen de ti. Te llevará a depender de Dios a un nuevo nivel y puede ser una batalla de fe constante, para mí lo es.

Entre estas dos alternativas, sin embargo, tienes muchas opciones que pueden ayudarte a hacer el reclutamiento de nuevos miembros más fácil. Algunos ejemplos incluyen:

- **Medio tiempo**: si contratas a alguien a medio tiempo, sobre todo si no van a tener mucho trabajo inicialmente, puedes iniciar con una inversión financiera más leve.

- **Modelo híbrido:** para ciertos roles, puedes decidir dar un salario bajo pero asegurado e invitar al miembro del equipo a levantar fondos adicionales si quiere que sus ingresos aumenten.

- **Por hora o tercerización:** similar a medio tiempo, puedes contratar a alguien por hora para trabajos muy puntuales o a través de una compañia de freelancers.

- **Apoyo financiero inicial:** Si alguien va a levantar fondos, puedes ofrecer pagarle un porcentaje parcial de sus ingresos que se va reduciendo con el tiempo para que pueda comenzar a trabajar inmediatamente paralelo a su levantamiento de fondos. Aquí debo clarificar que, aunque esta estrategia nunca nos ha funcionado en Reflejo (ya que una vez se acaba el apoyo financiero de la organización la persona abandona), hay casos en otras organizaciones donde ha ocurrido exitosamente.

Lo que sea que decidas hacer, crear una política de compensación que aplique a toda tu agencia te ayudará de varias maneras. Primero, es una guía para futuras decisiones y le enseñará al resto de los líderes de tu equipo la forma en que tu agencia recluta nuevos miembros. Segundo, si tienes parámetros que guían cada decisión en esta área, es más fácil explicarle la lógica detrás de ciertas decisiones de compensación a tu equipo y no da espacio a que, entre ellos, sientan que hay favoritismo o injusticias. Si no creas y compartes una política clara y universal puedes abrir espacio a chismes, resentimientos y divisiones dentro del equipo.

CAPÍTULO

PERSONERÍA JURÍDICA Y POLÍTICAS DE LA AGENCIA

Personería jurídica

Una personería jurídica (llamado razón social o persona moral en otros contextos) en tu país es un componente importante para tu agencia. Es un paso necesario para ser reconocido por autoridades en el país donde operas y poder administrar recursos financieros (recibir donaciones y tener gastos) y humanos (tener empleados, pagarles y pagar impuestos, y proveerles beneficios).

Como hay una gran variedad de categorías para distintas personerías jurídicas en cada país, me temo que no podré ser muy específico en mis sugerencias en como cumplir los requisitos específicos a tu contexto para poder registrar a tu agencia.

Sí te urjo que antes de iniciar el proceso investigues profundamente que se requiere. Como mínimo quieres hablar con tres personas: (1) alguien que ha formado una personería jurídica previamente como la que deseas formar en tu contexto, (2) un abogado especializado en esta área que pueda explicarte las leyes locales y (3) un contador local que pueda explicarte cómo funciona la administración de finanzas y una nómina.

Antes de comenzar el proceso debes entender claramente:

1. Las diferentes personerías jurídicas que puedes registrar y cuál es la mejor elección para tu agencia.

2. Cuáles son los requisitos exactos para poder registrar a tu organización.

3. Cuál es el proceso y documentación necesaria en el proceso.

4. Cuáles son los gastos que van a incurrir en el proceso y cuándo deben ser pagados.

5. Cualquier otra pregunta que surja durante tu investigación.

Es probable que debas formar una junta directiva al establecer tu organización. Los requisitos para la junta directiva pueden variar basado en tu contexto, pero quiero compartir algunos principios que pueden ayudarte a elegir una junta directiva que te ayudará en el proceso de desarrollar tu agencia.

Una de las primeras preguntas que te harás es, ¿Cuántos miembros necesita mi junta directiva al comenzar? Mi sugerencia: el requisito mínimo legal. Más personas en tu junta directiva significa más calendarios que deben ser revisados para coordinar una reunión, más personas en una conversación con opiniones distintas y por lo tanto reuniones más largas o participación menor de cada miembro.

Al comenzar, tu agencia necesita agilidad, y mientras más pequeña es tu junta directiva, más ágil será. Algunas personas piensan que una junta directiva más grande da más credibilidad a tu agencia. Yo cuestiono esta premisa. Piensa en una organización que respetas similar a la que aspiras formar, ¿sabes de memoria cuántos miembros tienen en su junta directiva? ¿Afectaría cómo los ves si descubres que su junta directiva es de 5 personas o de 15? Exacto.

¿Sabes que da aún más credibilidad que una lista larga de personas en la página de la junta directiva en tu página web? Resultados. Y los resultados de tu agencia vendrán si puedes enfocarte en desarrollar el ministerio con una junta directiva ágil y dinámica.

Los resultados de tu agencia vendrán si puedes enfocarte en desarrollar el ministerio con una junta directiva ágil y dinámica.

La siguiente pregunta es, ¿qué tipo de personas debo invitar a la junta directiva de mi organización? La respuesta correcta acá depende de cómo buscas que la junta directiva complemente tus fortalezas para cumplir tu visión.

Por ejemplo, es muy posible que una de las mayores necesidades al inicio de tu agencia sea desarrollar rápidamente su capacidad financiera; si este es el caso, invitar a alguien experto en el levantamiento de fondos para organizaciones o con una red amplia de contactos de alta capacidad financiera que puede invitar a ser contribuyentes, puede ser una buena posibilidad.

Tal vez buscas que tu junta directiva te guíe en las diferentes etapas de crecimiento de la organización. En este caso, invitar a un emprendedor exitoso, un pastor o un líder de otra organización que ha tenido éxito en hacer crecer una organización a un tamaño que estimas te tomará mínimo unos 3-5 años para alcanzar puede ser muy valioso.

Además de cualquier otro deseo que tengas para las competencias de miembros de tu junta directiva, deben ser personas que amen tu visión, la entiendan profundamente y quieran verla cumplida de la misma manera que tú. No quieres reclutar a miembros en tu junta directiva que van a traer su propia visión o agenda y buscar tomar control de la organización.

Finalmente, sugiero que no incluyas a miembros de tu organigrama en la junta directiva. Tú le vas a rendir cuentas a la junta directiva y ellos van a confiar plenamente en ti para dirigir el día a día de la organización. Si tú te reportas a la junta directiva, pero ciertos miembros de la junta directiva se reportan a ti (o a alguien más en tu agencia que se reporta a ti), vas a crear un problema innecesario en tu organigrama que solamente va a crear confusión, políticas internas, conflictos, o peor.

Internacional

Es posible que eventualmente desees estar registrado en más de un país. Esto puede ocurrir porque deseas manejar finanzas o contratar a empleados en otro país específico. Esto generalmente puede ser un proceso largo, complejo y costoso así que dependiendo de qué quieres lograr, te doy algunas alternativas que puedes considerar:

Si estás reclutando a un obrero de un país donde tu agencia no está registrada, es probable que no puedas ayudarlo directamente en recibir donaciones y pagarle. Sin embargo, puedes considerar hacer una alianza con una organización local (posiblemente su iglesia misma) para que reciba donaciones a nombre del obrero o la organización y las distribuya. La distribución puede incluir pagarle al obrero que levanta finanzas y retener el porcentaje que tu agencia requiere de sus obreros y enviarlo a tu agencia.

Similarmente si vas a contratar a un empleado en otro país, pero los fondos para pagarle van a originarse de tu agencia (y tu país no permite que tu agencia haga esto directamente), posiblemente tengas esta opción de colaborar con una organización local a la que puedas enviarle finanzas y ellos lo contraten correspondientemente. Deberás investigar y proyectarte a cubrir cualquier gasto incurrido por la transferencia, por impuestos a ingresos por parte del empleador, u otros beneficios requeridos por las leyes locales.

De la misma manera, puedes identificar a una compañía de búsqueda de talento como Upwork, Fiverr u otras y utilizarlas como un intermediario donde tú contratarías a la compañía por servicios prestados (y no tienes un empleado) y el individuo se registra a trabajar tu proyecto y es pagado por la compañía basado en lo que reciben por los proyectos. Estas compañías sin embargo van a retener un porcentaje alto por cada transacción.

Si ninguna de estas soluciones te funciona permanentemente, es posible que necesites inscribir a tu agencia localmente. Una opción que puedes explorar es si la organización puede ser formada como una organización subsidiaria de la organización madre o si debe ser una organización independiente. Esto puede no ser posible en tu país, consulta a un abogado si deseas explorarlo.

Si formas una organización subsidiaria, tendrás más control sobre esta nueva personería jurídica, sin embargo, cualquier problema legal o financiero en la nueva organización puede afectar a la organización madre.

Si vas a formar una organización independiente, recuerda que legalmente hablando estás creando una estructura completamente independiente. Esto significa que esta organización podría tomar decisiones distintas a la guía de la organización madre. Esto puede ser particularmente problemático por cuanto tu nombre, credibilidad o finanzas están atadas a esta organización.

Para poder formar esta organización, deberás investigar todo el proceso de cómo formar una personería jurídica en un nuevo contexto desde cero como lo hiciste en primera instancia en tu país.

Políticas

La organización necesitará políticas claras en varias áreas (algunas ya mencionadas a través de la guía). Aquí un balance es necesario, solo crea políticas en áreas donde quieras ser firmemente inflexible, sus políticas no deben tener excepciones ya que tu agencia perderá credibilidad interna y externamente. Si creas demasiadas políticas, puedes sobre restringir la flexibilidad que la organización debe tener.

Políticas no deben tener excepciones ya que tu agencia perderá credibilidad interna y externamente.

Por lo mismo, tener una política te da una ventaja en no tener que defender una decisión constantemente y puede ahorrar mucho tiempo a tu equipo. Elige cuidadosamente en qué áreas formas políticas. Aquí hay algunas categorías con preguntas que tus políticas podrían responder.

Relacionamiento con la iglesia

Dennis Lane, en su libro, *Administración Eficaz De Una Agencia Misionera* nos da una lista excelente de preguntas referentes a esta categoría:

Toda agencia misionera debe fijar una política con respecto a las iglesias enviadoras. ¿De cuáles iglesias se aceptarán miembros como candidatos? Al aceptar a un misionero, ¿qué papel jugará la iglesia enviadora? ¿Qué parte tendrá en la supervisión del misionero y su trabajo? ¿Qué tipo de informes se dará? ¿Qué grado de apoyo se esperará de ella? (Lane, 2006)

Manejo de finanzas y reembolso de gastos

¿Cómo maneja finanzas tu agencia? ¿Qué se debe hacer al recibir una donación? ¿Cómo se manejan donaciones en efectivo? ¿Cómo se manejan donaciones no financieras (autos, propiedades, etc.)?

¿Cómo hace un pago la organización? ¿Quiénes tienen acceso a la cuenta bancaria o tarjeta de débito de la organización? ¿Quién tiene la autoridad para pedir un préstamo? ¿Cómo se reembolsan gastos ministeriales aprobados de un miembro del equipo? ¿Cuáles son gastos que pueden ser aprobados, y cómo se aprueban?

Liderazgo

¿Cuál es el proceso y los requisitos para seleccionar un líder en tu agencia? ¿Cuáles son los requisitos para considerar a un nuevo miembro en la junta directiva?

¿Qué acciones justifican que se remueva a un líder dentro de la organización? ¿En la junta directiva? ¿Al presidente? ¿Cuál es el proceso apropiado para remover a un líder?

¿Qué tipo de notificación es necesaria de un miembro de la junta directiva previo a su renuncia? ¿Quién puede recomendar a nuevos miembros a la junta directiva?

Estas áreas y muchas más referentes al liderazgo de la organización serán importantes de clarificar en las políticas.

Conflictos de interés

¿Que constituye un potencial conflicto de interés para un miembro de la junta directiva? ¿Si un miembro o candidato de la junta directiva considera que puede tener un conflicto de interés, que debe hacer? ¿Cómo se va a lidiar con un miembro de la junta directiva que no reporte un conflicto de interés apropiadamente?

Seguridad

¿Cuál es la postura acerca de la seguridad de tu agencia? ¿Cuáles son los requisitos mínimos de entrenamiento referente a seguridad previo a enviar a un obrero a un contexto de acceso creativo?

¿Cuáles son los requisitos no negociables referentes a planes de contingencia en caso de crisis en el contexto ministerial? ¿Con qué frecuencia se evalúan los planes de evacuación? ¿Quién es responsable de aprobarlos?

¿Cuál es el nivel de tolerancia de tu agencia referente al terrorismo o inestabilidad política en un contexto ministerial? ¿Cuál es la postura de tu agencia en relación al pago de recompensas en caso de secuestro?

¿Cuál es la postura de tu agencia referente a la comunicación en medio de una crisis con la familia de un obrero? ¿Con su iglesia? ¿Con las autoridades locales? ¿Con las autoridades de su país de origen? ¿Con los medios?

Estas preguntas y muchas más deberán ser reflexionadas y clarificadas con todo el equipo previo a que ocurra algún incidente de seguridad en tu agencia.

Disciplina por falla moral

¿Qué es considerado una falla moral en tu organización? ¿Cuál es el proceso de restauración para una persona que ha caído en una falla moral? ¿Cuáles fallas morales son consideradas justificación para despedir inmediatamente a un miembro del equipo? ¿Cuáles ameritan una suspensión e intento a restauración? ¿Cómo y cuándo se involucrará a la iglesia que envió al obrero?

¿En qué casos es necesario reportar actividad ilícita a autoridades? ¿Cómo debe responder un miembro del equipo de cuidado integral cuando se entera de una falla moral? ¿En qué casos debe reportarlo a la organización y en qué casos rige la confidencialidad de una sesión?

Todo esto debe ser clarificado y explicado a los obreros que se sumen a tu agencia.

10

EQUIPO DE LIDERAZGO Y TOMA DE DECISIONES

Estructura organizacional

Durante el crecimiento de tu agencia, pronto notarás que no puedes supervisar a todos directamente y diferentes niveles de liderazgo serán necesarios. En este proceso de formar un organigrama para tu agencia deberás elegir un modelo. Lo más común es que a través del crecimiento gradual de la organización, tu agencia tome forma por accidente o, mejor dicho, por una serie de incidentes que ocurren naturalmente.

Un ejemplo de esto sería decidir que un nuevo miembro de tu equipo se reporte a un líder específico simplemente porque el líder tiene cercanía geográfica o tiempo libre sin pensar estratégicamente en quién es el mejor supervisor para el nuevo miembro de tu equipo.

El diseño que tu agencia tomará orgánicamente no es siempre la estructura más propicia para cumplir tu misión.

Modelo organizacional

Si ya tienes una organización establecida te invito a que, antes de continuar, te sientes con una copia de tu organigrama (si no lo tienes disponible, dibuja rápidamente como crees que funciona tu agencia en un papel).

Poder comparar tu organigrama existente con las siguientes opciones puede ser un ejercicio valioso para ver donde has tomado decisiones estratégicas, tal vez intencionalmente, y como tu agencia podría funcionar utilizando otros modelos.

Lo más probable es que tu dibujo incluya una junta directiva (si es que ya tienes una formada) arriba del organigrama y una línea bajando donde estás tú con algún título como CEO, director ejecutivo o presidente que dirige el día a día de tu agencia.

Es posible, incluso, que encima de la junta directiva (o liderazgo denominacional, si es el caso de tu agencia) hayas puesto a Dios para representar que últimamente todos en tu equipo le rinden cuentas a Él.

Tal vez comenzaste con el organigrama de abajo para arriba para demostrar una cultura de liderazgo de servicio en el que te ves como líder cuya responsabilidad es la de servir a aquellos bajo tu cargo.

¿Qué sigue después de esto? ¿Cómo están distribuidos tus equipos? ¿Están organizados por función o geográficamente?

Si están organizados por función, vas a tener líderes enfocados en áreas específicas del ministerio en un mismo equipo independientemente de su ubicación geográfica. Al contrario, si están organizados geográficamente es probable que, independientemente de la función de los distintos miembros del equipo, se reporten a un supervisor local o regional. Las figuras 9.1 y 9.2 muestran ejemplos simples de ambas estructuras:

Organización Basada en Ubicación Geográfica

Figura 9.1

Junta Directiva

Presidente

Región 1	Región 2	Región 3	Región 4
Movilización	Movilización	Movilización	Movilización
Entrenamiento	Entrenamiento	Entrenamiento	Entrenamiento
Campo	Campo	Campo	Campo
Cuidado Integral	Cuidado Integral	Cuidado Integral	Cuidado Integral

Organización Basada en Función

Figura 9.2

Junta Directiva

Presidente

Movilización	Entrenamiento	Campo	Cuidado Integral
Región 1	Región 1	Región 1	Región 1
Región 2	Región 2	Región 2	Región 2
Región 3	Región 3	Región 3	Región 3
Región 4	Región 4	Región 4	Región 4

Ambas estructuras tienen ventajas y desventajas y es probable que tengas que emplear ambos modelos en diferentes partes de tu agencia. Por ejemplo, si tienes varios miembros que trabajan en informática para tu agencia, no tiene sentido que se reporten a supervisores regionales solamente basado en su ubicación geográfica, lo mejor será que estos miembros sean parte de un equipo funcional a nivel global que coordine para que todos los sistemas y herramientas digitales de tu agencia trabajen en sintonía.

Sin embargo, si tienes 10 obreros que trabajan en excavar pozos en diferentes países en Asia no tiene sentido considerarlos un "departamento de excavación de pozos" tiene mucho más sentido que cada uno sea parte de un equipo local en sus países respectivos. Pero si en una ciudad tienes suficientes obreros para tener dos equipos, y la mitad de los obreros trabajan en una ONG específica y la otra mitad trabaja en emprendimientos, tal vez sea ventajoso organizar a los equipos por función en ese contexto.

Otra opción que tienes es estructurar la agencia como una organización matriz. En una agencia con una estructura matriz, vas a tener el cuadro organizacional moviéndose en 2 direcciones: verticalmente (como en los ejemplos previos) y horizontalmente en una estructura de liderazgo paralela. Un organigrama diseñado de esta manera puede ayudarte a demostrar la relación, cooperación e interacción necesaria entre las diferentes áreas de la agencia para que funcione con excelencia. Esto evita aislamiento entre departamentos que deberían estar coordinando esfuerzos constantemente en tu agencia.

En Reflejo tomamos la decisión temprano en nuestro proceso de estructurarnos como una organización matriz. Al final de esta sección, cuando comparta nuestro organigrama actual, podrás ver como los ministerios enfocados en servir a una audiencia externa a Reflejo (movilización, enfocada en iglesias; entrenamiento, enfocado en candidatos; campo, enfocado en no alcanzados) están organizados para funcionar verticalmente.

En contraste, los ministerios y departamentos enfocados en servir internamente a la organización o a la estructura de la misma (cuidado integral, informática, comunicaciones, etc.) están diagramados para operar horizontalmente y se cruzan con los ministerios verticales.

Estas intersecciones demuestran que los ministerios internos apoyan el desarrollo de los ministerios externos a la organización.

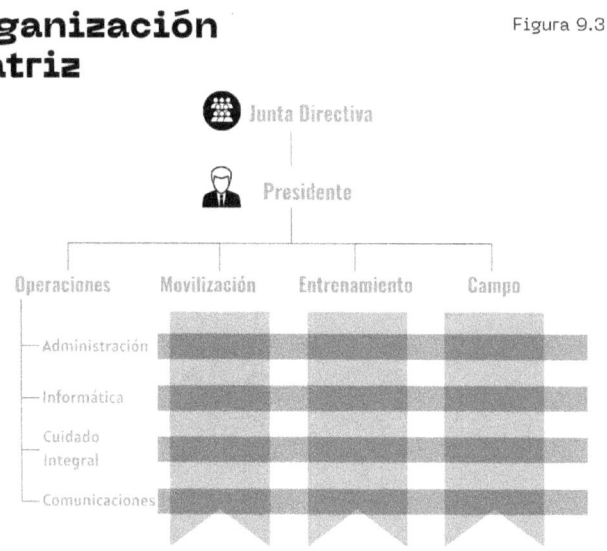

Organización Matriz

Figura 9.3

Junta Directiva

Presidente

Operaciones · Movilización · Entrenamiento · Campo

Administración

Informática

Cuidado Integral

Comunicaciones

Algo más que es importante resaltar en el diseño de tu organigrama es que la estructura que tiene debe estar formada con los resultados de tu agencia en mente. En la figura 9.4 se aprecia una versión simplificada del organigrama actual de Reflejo y verás que, considerando la trayectoria tradicional que tiene un obrero de ser: (1) movilizado, (2) entrenado y (3) enviado al campo. Nuestro organigrama está estructurado para que este flujo se vea de una manera muy clara. De la misma manera verás que hay varios departamentos estructurados horizontalmente que existen para apoyar a la organización, a cada departamento y a los obreros de Reflejo en cada etapa de su jornada ministerial.

El diseño de tu organigrama es que la estructura que tiene debe estar formada con los resultados de tu agencia en mente.

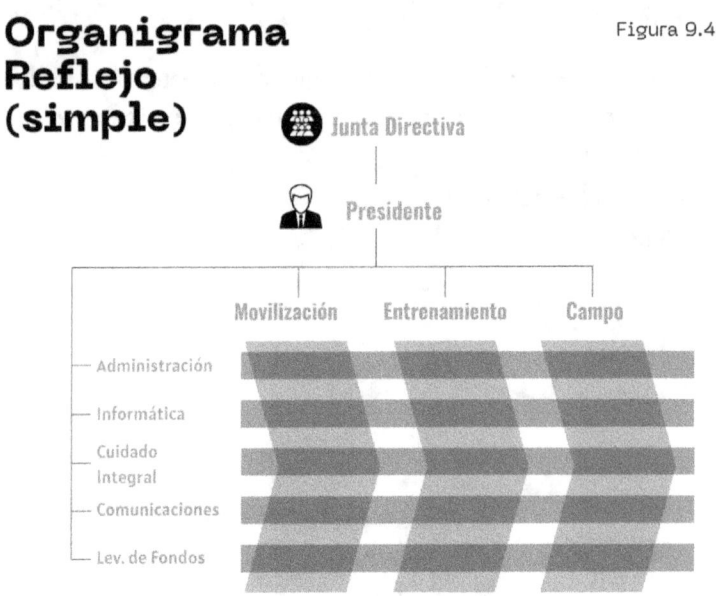

Organigrama Reflejo (simple)

Figura 9.4

Junta Directiva

Presidente

Movilización Entrenamiento Campo

Administración

Informática

Cuidado Integral

Comunicaciones

Lev. de Fondos

Algo adicional en nuestro modelo organizacional que puedo resaltar y que puede ser visto en la versión del organigrama a continuación (Fig. 9.5) que solo muestra los ministerios verticales es la colaboración entre ministerios específicos dentro de los diferentes departamentos.

Por ejemplo, nuestro ministerio de movilización llamado RAP (Red de Adopción por los Pastunes) se enfoca en movilizar a latinos a servir entre la etnia pastún específicamente. Este ministerio de movilización tiene como contraparte un enfoque de campo para enviar obreros a este grupo étnico.

Lo mismo aplica a un nuevo ministerio de movilización que lanzamos recientemente llamado LATE (Latinos Alcanzando a

Tayikos con el Evangelio) y su contraparte en el área de campo enfocado en tayikos.

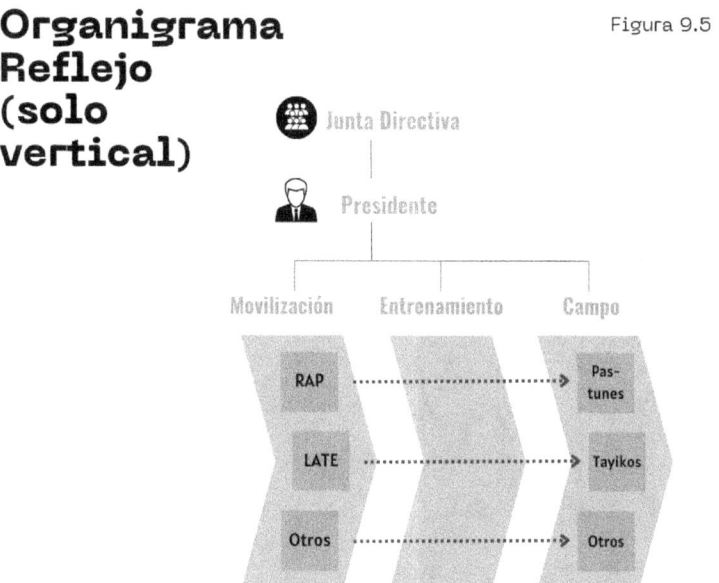

Organigrama Reflejo (solo vertical)

Figura 9.5

Junta Directiva

Presidente

Movilización   Entrenamiento   Campo

RAP ·········▷ Pas-tunes

LATE ·········▷ Tayikos

Otros ·········▷ Otros

Cuando uno de los ministerios dentro de tu agencia crece es común que ellos deban formar su propio organigrama interno. Utilizaré el ejemplo de RAP que, en el organigrama de Reflejo se ve bajo movilización. Si entramos dentro del ministerio de RAP, sin embargo, veríamos el organigrama interno diagramado en la figura 9.6.

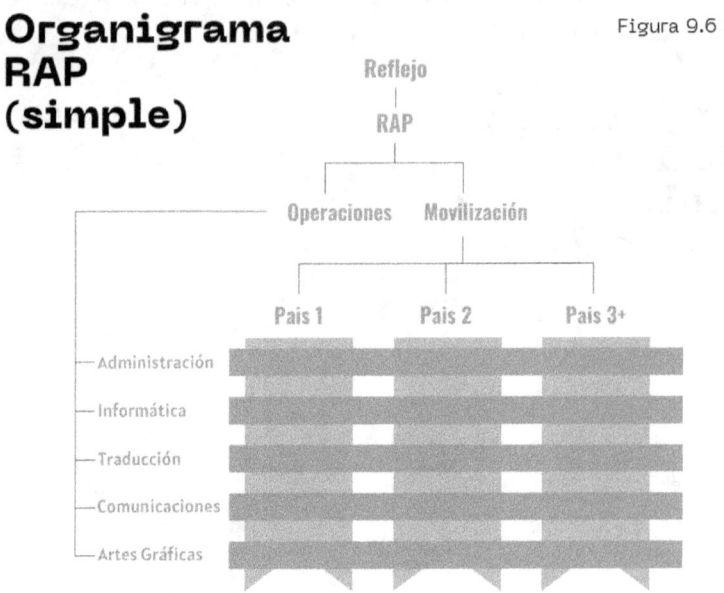

Organigrama RAP (simple)

Figura 9.6

Reflejo
|
RAP

Operaciones   Movilización

Pais 1   Pais 2   Pais 3+

— Administración
— Informática
— Traducción
— Comunicaciones
— Artes Gráficas

Un buen organigrama provee a tu equipo claridad al saber dónde encaja cada miembro dentro de la organización y cómo su contribución ayuda a cumplir la visión de la agencia. Darle claridad a tu equipo que los ayudará a entender su rol, responsabilidades y cómo suman a algo mucho más grande que ellos mismos, es un regalo invaluable que merecen.

¿Quién debe reportarse a quién?

Un área donde al comienzo de desarrollar Reflejo asumí saber lo suficiente fue el de determinar cuáles departamentos deberían reportarse a cuáles. Por provisión divina, muchas de las decisiones que tomé en esta dirección acabaron siendo acertadas, sin embargo, fácilmente podría haber cometido errores difíciles de revertir al diseñar el organigrama inicial.

Mis sugerencias enlistadas abajo asumen que tu equipo está creciendo y tienes un director de operaciones (también puede ser llamado COO o VP de operaciones) y que, posiblemente incluso tu director tiene dos líderes que supervisan dos áreas distintas: (1) funciones estratégicas y (2) funciones administrativas.

Mis sugerencias por lo tanto caerán en cuatro categorías:

1. Reportes directos al director ejecutivo (EJEC)
2. Reportes directos al director operativo (OPS)
3. Reportes al supervisor de desarrollo estratégico (STR)
4. Reportes al supervisor administrativo (ADM)

Si tu agencia no cuenta con alguno de estos líderes, simplemente ajusta mi sugerencia al nivel superior. Las categorías 3 y 4 deben ser ambas ajustadas al nivel 2 (que supervisa a 3 y 4) y el nivel 2 debe ser ajustado al nivel 1. Si en algún caso sugiero que algún departamento se reporte a otro departamento, explicaré eso específicamente en esta sección.

Un comentario más, las categorías recomendadas para ser reportes directos a EJEC las estoy recomendando solamente hasta que tu agencia llegue al tamaño sugerido en esta guía (100 miembros en el equipo). No estoy seguro como mis sugerencias puedan cambiar para una organización más grande:

1. **Campo** (EJEC): el área de campo probablemente cumple la función ministerial primaria para la que diseñaste la organización: alcanzar a los no alcanzados. Va a ser importante que, como líder, te mantengas cerca al cumplimiento de la visión de tu agencia. Esto te ayudará a tomar decisiones relevantes y apropiadas para la organización que beneficien al campo, y a escuchar reportes, historias y testimonios frescos constantemente que puedes utilizar para comunicar los frutos de tu agencia con tu equipo, intercesores, donantes, y otros.

2. **Entrenamiento** (función de desarrollo EJEC/Campo e implementación puede ser Recursos Humanos): dependiendo de la función que cumpla el área de entrenamiento dentro de tu

agencia, puede ser una función que cae bajo EJEC/Campo o Recursos Humanos. Si el área de entrenamiento se enfoca en determinar y desarrollar los recursos necesarios para entrenar a obreros previo o durante su estadía en el campo, esta es una función estratégica y por lo tanto debería reportarse idealmente al área de campo (ya que esto llevaría a un alineamiento estrecho entre las necesidades de campo y los recursos desarrollados) o EJEC si es que abarca entrenamiento para más áreas que solamente campo. Si tu área de entrenamiento es simplemente responsable de verificar que los nuevos miembros de tu agencia cumplan todos sus requisitos educativos y de entrenamiento, esto puede ser una función interna a Recursos Humanos.

3. **Movilización** (EJEC o OPS): movilización puede reportarse con facilidad a EJEC o OPS. Si movilización es considerado un ministerio fundamental en la organización que se expande mucho más allá de solamente buscar obreros para tu agencia (concientizar y entrenar iglesias, promover oración, etc.), EJEC tiene más sentido. Sin embargo, si son un equipo más enfocado exclusivamente en identificar obreros para oportunidades que tu agencia tiene en el campo, tienden a cumplir más una función operativa.

4. **Cuidado Integral** (EJEC o OPS): similar a movilización, esta área puede reportarse a EJEC o OPS. Si cuidado integral cumple una función interna para tu agencia solamente, OPS será una buena opción. Sin embargo, si es un ministerio que expande su impacto a servir a otras organizaciones y obreros externos a tu agencia también, deja de ser una función exclusivamente operativa. Repito acá algo que mencioné brevemente cuando conversamos a más detalle acerca de cuidado integral: no es recomendado que se reporte al liderazgo de campo.

5. **Seguridad** (EJEC): aparte de campo, esta es la única área dentro de la organización que creo fuertemente que debería reportarse directamente a ti. Tu equipo que vela por la seguridad

de tus obreros y organización debe sentir la libertad y autonomía de operar para los mejores intereses de la organización, y la mejor manera de empoderarlos en esa dirección es que se reporten a ti directamente y no tengan que navegar un cuadro organizacional complejo para traerte información relevante y posiblemente urgente.

6. **Finanzas** (STR): como mencionamos antes, finanzas (en contraste a contabilidad) es una función estratégica para la organización. Por lo tanto, debería ser el primer componente de un departamento interno a operaciones que, personalmente, nombraría desarrollo estratégico.

7. **Relaciones con Donantes** (STR): a veces llamado levantamiento de fondos es otra área estratégica de la organización que trabaja cercanamente con finanzas.

8. **Comunicaciones** (STR): es otra función que coordina cercanamente con finanzas y relaciones con donantes en el área estratégica. Es muy importante tener a estas tres funciones colaborando cercanamente y qué mejor manera de tenerlas a todas bajo el área de desarrollo estratégico.

9. **Recursos Humanos** (ADM): esta es la primera de las funciones administrativas que mencionaré y, que sea supervisada en una cultura que empodere a funciones administrativas va a ser importante.

10. **Contabilidad** (ADM): al igual que recursos humanos, contabilidad es una función administrativa.

11. **Informática** (ADM): también bajo el área administrativa, va a ser importante que colabore con recursos humanos para que la infraestructura digital de la organización funcione con excelencia. Aunque esta es una función administrativa, va ser importante que tenga un componente estratégico en coordinar con seguridad en el área de ciberseguridad para proteger a tu agencia y obreros de vulnerabilidades en esta área.

Planificación estratégica

¿Alguna vez has visto las olimpiadas? Cuando un competidor gana una medalla de oro y lo entrevistan, una pregunta común es: ¿Cómo lograste ganar esa medalla?

Nunca he escuchado a alguien responder que ganó por casualidad. Ningún campeón simplemente se despertó esa mañana, se subió a su auto sin un destino específico, acabó en un estadio donde lo llevaron a la competencia y, por suerte, fue mejor que todos los demás competidores.

La historia que los ganadores cuentan siempre es la misma: comenzaron a entrenar desde una edad temprana, se especializaron en su deporte específico y trabajaron con entrenadores, un plan de entrenamiento riguroso y una dieta controlada. Toda su vida giraba alrededor de cómo podrían mejorar la habilidad que los llevó a ganar una medalla de oro.

¿Qué podemos aprender de esto? Nadie tiene éxito por casualidad. Tú tampoco lo tendrás.

> *Nadie tiene éxito por casualidad. Tú tampoco lo tendrás.*

La planificación estratégica va a ser el proceso de identificar la dirección que tu agencia debe tomar a largo plazo, formar metas claras y medibles, dividirlas en metas de corto y mediano plazo que pueden ser evaluadas, e implementar la estrategia a través de la organización.

Este proceso es uno que, dependiendo de la estructura de tu agencia, caminarás con la junta directiva o con tu equipo de liderazgo nuclear o, en pocos casos, con una mezcla de ambos grupos.

Describir las diferentes metodologías de cómo gestionar una reunión de planificación estratégica ya son el tema de varios libros y otros recursos. Por lo tanto, no repetiré lo ya establecido otra vez aquí. Sin embargo, si daré unas pautas muy breves.

Tu planificación estratégica debe comenzar con tu visión. Si tu equipo no la tiene clara y no está alineado con la visión de tu agencia, este proceso no va a dar resultados.

Cuando termine tu proceso de planificar estratégicamente, como resultado deberás tener metas específicas o prioridades estratégicas que tomarán varios años en completarse (3-5 años es mi sugerencia). Vas a poder dividir estas metas en secciones más pequeñas que podrás medir periódicamente para evaluar tu progreso. En el caso de Reflejo, nuestro equipo de liderazgo mantiene un ritmo de reunirse cada 3 meses para evaluar el progreso y hacer cualquier corrección en la dirección o prioridades inmediatas para realinearnos con nuestras prioridades estratégicas de largo plazo.

Desarrollar líderes en tu agencia

Tu agencia solo llegará tan lejos como sus líderes. Si logras reclutar, desarrollar, empoderar y retener a líderes de alta capacidad trabajando en sintonía, tu agencia misionera podrá crecer rápidamente, evitar obstáculos, aprovechar oportunidades y cumplir tu visión. Sin embargo, sin líderes de alto calibre, tu agencia siempre estará cojeando hacia el cumplimiento de tu visión en vez de correr.

> *Sin líderes de alto calibre, tu agencia siempre estará cojeando hacia el cumplimiento de tu visión en vez de correr.*

Esto significa que, como líder, un componente fundamental de tu rol es el de identificar y desarrollar liderazgo emergente en tu agencia. Si no logras esto, no cumplirás tu visión.

La ley del magnetismo descrita por John Maxwell nos recuerda que la cultura que representan, tú y tu organización, atraerá personas con valores similares. Si tú no valoras tu crecimiento personal o el desarrollo de tu liderazgo personal, probablemente no vas a atraer líderes con estos atributos a tu agencia.

John Maxwell nos exhorta:

"Si eres un 7 en el área de liderazgo, vas a atraer a 5's y 6's más que a 2's y 3's. Los líderes que atraigas van a ser similares en capacidad a ti." (Maxwell, 2022)

De la misma manera, si has desarrollado tu potencial como líder a un 7 como en el ejemplo previo, no esperes que un líder de nivel 8 o 9 quiera seguirte. Un líder a este nivel va a valorar su crecimiento personal y buscar un líder aún mejor que él, que lo pueda ayudar a crecer aún más. Por lo tanto, la mejor manera de atraer mejores líderes a tu agencia, es desarrollar tu propia capacidad y buscar oportunidades para seguir creciendo, siempre.

La mejor manera de atraer mejores líderes a tu agencia, es desarrollar tu propia capacidad y buscar oportunidades para seguir creciendo, siempre.

Principios para desarrollar líderes

Tener una cultura en tu agencia que celebre el crecimiento de la capacidad de un líder va a ser importante. Pero este tipo de cultura no ocurre por accidente, debes ser intencional en su formación.

Cada vez que un miembro de tu equipo invierta en su crecimiento personal, asuma responsabilidad en un proyecto que estreche su capacidad o busque ser intencional en crecer de alguna otra manera, ¡celébralo! En público.

Quieres que esa persona se sienta afirmada en su decisión y que todo el resto del equipo note el tipo de acción que tomó y entienda que es algo que debe ser parte de tu agencia y algo que va a ser reconocido y celebrado. Es algo digno de ser imitado.

Pero no solo esperes que otras personas crezcan en su liderazgo. Tú, como líder, debes ser el ejemplo. Reflexiona francamente conmigo, ¿Cuántos libros has leído en los últimos 6 meses? ¿En cuántas oportunidades de crecimiento (eventos, conferencias, talleres, etc.) has participado para desarrollar tu capacidad? ¿Cuánto de lo que has aprendido en teoría has implementado para desarrollar tu capacidad? ¿Cuándo fue la última vez que intentaste hacer algo que te quedaba grande? ¿Cuándo fue la última vez que fallaste en un proyecto y celebraste la falla porque significa que intentaste hacer algo más allá de tus límites?

Tú debes ser el primero en ser intencional en desarrollar tu liderazgo y tu proceso de crecimiento debe ser uno que compartas constantemente con tu equipo para modelar como un líder debe estar constantemente invirtiendo en su propia capacidad.

Es posible que, desde tu perspectiva como líder, tú veas el potencial de un miembro en tu equipo antes que él mismo. Va a ser importante que ayudes a los miembros de tu equipo a descubrir su potencial y ayudarlos a alcanzarlo.

Si no ves el potencial de alguien, te va a ser imposible desarrollarlo apropiadamente. Tu rol como líder es el de arriesgar primero. Muchos líderes toman la postura de cuestionar el potencial de todos y esperar a que cada persona demuestre su capacidad. Tú deberías hacer lo opuesto y asumir que todos tienen un alto potencial e invertir en ellos. Confía primero y permite que sus propias acciones te confirmen que ellos sí están interesados en desarrollar su potencial o si no lo están.

Tu rol como líder es el de arriesgar primero.
Tú deberías hacer lo opuesto y asumir que todos tienen un alto potencial e invertir en ellos.

Crear oportunidades para desarrollar a tus líderes siempre incluye un cierto nivel de riesgo. Podrías invertir mucho tiempo y recursos en desarrollar a alguien que eventualmente dejará tu agencia. Aprovecho y te cuento un secreto: **eventualmente, todos los miem-**

bros de tu equipo dejarán tu organización, incluso tú. Es mejor arriesgar que crezcan y se vayan a que no crezcan y se queden.

También puedes darle a alguien una oportunidad para liderar un proyecto o gestionar algunos recursos u oportunidad y todo salga mal. Estos son riesgos reales, pero el daño que podrían causar si así ocurra no es peor que la alternativa: nunca alcanzar a desarrollar buenos líderes en tu agencia.

Otra ley de crecimiento de liderazgo que nos comparte John Maxwell es la ley de intercambios. Esta ley nos dice que, "para crecer al siguiente nivel, siempre hay un costo y mientras más queremos desarrollar nuestra capacidad, el costo va a ser mayor." (Maxwell, 2012)

Este costo puede venir de diferentes maneras. El costo puede ser económico como cuando tienes que pagar para comprar un libro, asistir a un evento o contratar a un consultor. El costo también puede ser en tiempo, ya que tú como líder vas a tener que invertir tiempo para desarrollar a otro líder, y ellos deberán invertir tiempo también.

El costo puede incluir algún tipo de sacrificio como en el caso de varios misioneros que para dar el paso de iniciar su jornada ministerial van a sacrificar el vivir cerca de su familia, la comodidad de su cultura e idioma y la estabilidad de un ingreso constante. También debes considerar el costo de oportunidades perdidas, o sea, todas las cosas que no puedes hacer para poder crecer en esta dirección.

En Reflejo nosotros estamos viviendo una transición de un líder que nos ha traído un costo alto. Cuando un voluntario nuevo llega a nuestro equipo, el costo que el voluntario paga para involucrarse en el ministerio es el de entregar su tiempo. Para la organización el costo es el de entrenarlo. Una vez que un voluntario comienza a crecer en su capacidad, podemos darle oportunidades de liderazgo y el costo de esas nuevas oportunidades es que dejará de dar una contribución directa para poder enfocarse en supervisar y desarrollar a nuevos voluntarios. El hueco que queda en su rol original como voluntario, al ser remplazado, tiene un costo para el nuevo voluntario y para la organización. El costo y la complejidad de reemplazar a un voluntario, sin embargo, no es exorbitante; el reemplazar a un líder es más complejo.

Jessica, una de nuestras líderes en el equipo, ha crecido a través de varias etapas en nuestra organización hasta el punto que ella era responsable de supervisar a un equipo de líderes que representan a más de 100 voluntarios a través de múltiples países para uno de nuestros ministerios de movilización. Jessica había recibido este ministerio ya establecido cuando comenzó a liderar y crecerlo. El siguiente reto ministerial para ella es el de entregar este rol para poder tomar las lecciones aprendidas e iniciar un ministerio nuevo en la agencia desde cero.

El costo para esta nueva transición incluye todos los componentes previamente mencionados. Reflejo está teniendo que invertir recursos y tiempo para ayudarla a prepararse para el lanzamiento de este nuevo ministerio dentro de la organización. Jessica, como líder, está sacrificando también la estabilidad que su cargo previo le proveía para levantar un nuevo ministerio que técnicamente podría fallar. También será responsable en desarrollar una base de apoyo financiero para esta división y por lo tanto está sacrificando la certidumbre de la base de donantes con la que el ministerio previo contaba.

Para Reflejo, otra área de inversión es en el costo de oportunidad puesto que Jessica ya no puede cumplir su rol previo. Esto significa que debemos identificar y entrenar a un relevo nuevo para ella y posiblemente estemos sacando a esta persona de un rol de liderazgo menor donde también tenga que ser reemplazada.

El fruto potencial de esta inversión, tanto por el desarrollo de un nuevo ministerio como en desarrollar la capacidad de Jessica como líder, hace toda esta inversión un intercambio que vale la pena hacer; sin embargo, como puedes ver, mientras más alto el nivel al que desees desarrollar tu líder, más alto el precio a pagar.

Delegación saludable

El saber cuándo y cómo delegar en tu agencia va a ser una habilidad valiosa que puede impulsar a tu equipo a asumir más responsabilidad de una manera exitosa.

Lo primero que es importante clarificar es que el delegar no es abdicar. Delegar es empoderar a un líder dentro de tu equipo para que pueda asumir responsabilidad de una manera activa sobre algo que está a tu cargo. La responsabilidad final de que la tarea o proyecto sea cumplido correctamente, sin embargo, siempre descansa en ti. Si el líder empoderado hace un trabajo excelente o mediocre, últimamente es una reflexión en tu responsabilidad.

Abdicar es desentenderse de la responsabilidad y entregarla a alguien más porque no la quieres. Como líder de la organización, esta no es una opción que puedes tomar. Si eres el líder de la organización, quieras o no, últimamente eres responsable de todos los resultados de la organización. Si alguien en tu equipo hace un trabajo mediocre, es tu culpa por que tú lo reclutaste y entrenaste; no lo despediste o, como mínimo, no le quitaste la responsabilidad.

Si eres el líder de la organización, quieras o no, últimamente eres responsable de todos los resultados de la organización.

Por lo tanto, delegar correctamente es algo que debes tomar muy en serio. Una persona que no entiende la visión, no se alinea con los valores ni acepta los no negociables de tu agencia no es alguien que va a tomar decisiones como las tomarías tú. Por lo tanto, no puedes delegar a esa persona.

Esto significa que, antes de querer delegar cualquier cosa al líder más capaz de tu agencia, tú y tu equipo deben estar claros en la misión, enfoque y valores de la agencia. Estos no deben ser un archivo escondido en una carpeta o un cuadro bonito en la pared de tu oficina. Deben de ser claros, estar memorizados por el equipo e influenciar el día a día de la organización y la manera en que todo el equipo toma decisiones.

Una vez que tu equipo esté alineado en estas áreas esenciales, puedes evaluar a cada miembro de tu agencia como un posible candidato al cual puedes delegar responsabilidad. Para evaluar a individuos en tu equipo, quieres enfocarte en dos áreas: integridad y competencia.

Integridad en este contexto simplemente significa, ¿confías en ellos? ¿Crees que son personas honestas, de buen carácter, y tienen como prioridad, primeramente, obediencia a Dios y segundo, la visión y principios de tu agencia? Si no confías en la integridad de alguien, no puedes delegarle ninguna responsabilidad.

Competencia significa que tienen las habilidades, dones, experiencia y/o entrenamiento necesario para cumplir la responsabilidad que les quieres delegar. Si quieres delegar a un miembro de tu agencia el desarrollo de un nuevo departamento de contabilidad, pero esa persona no tiene ninguna experiencia o conocimiento referente a contabilidad, no es alguien adecuado para recibir esa responsabilidad.

Hay personas que tienen uno de los dos componentes, pero no ambos. El novato honesto es alguien con integridad, pero sin la competencia para cumplir con la responsabilidad. Puede que necesite entrenamiento adicional para asumir más responsabilidad o que sus dones simplemente sean mejor utilizados en otra área de tu agencia. El estafador astuto tiene la competencia para cumplir un rol, pero no cuenta con la integridad, esta persona debe salir de tu agencia.

Gavin Adams, un consultor para iglesias y organizaciones, detalla las siguientes 4 etapas de delegación que debes caminar gradualmente:

1. **Nivel 1: Investigación**

   En esta etapa puedes delegar el área de investigación. Lo más común que le dirás al miembro de tu equipo es: "Solo quiero que investigues y me digas que descubriste."

2. **Nivel 2: Progreso Informado**

En el segundo nivel puedes tomar un paso más de entregar responsabilidad a la persona. Te encontrarás repitiendo: "Quiero que completes esta tarea, pero mantenme informado constantemente del progreso y cualquier decisión que desees tomar."

3. **Nivel 3: Resultados Informados**

Una vez tengas más confianza, puedes darle más autonomía a tu equipo. Dirás: "Quiero que completes este proyecto. Una vez lo termines, avísame."

4. **Nivel 4: Adueñamiento**

La última etapa es donde todo líder desea llegar con su equipo. Acá podrás decir: "Toma este proyecto (o problema) y encárgate de resolverlo. Confío plenamente en ti." (Adams, 2021)

Como último consejo en esta área, un error fatal que puedes cometer en el área de delegación que destruirá la moral de tu equipo, es delegar responsabilidad sin delegar la autoridad necesaria.

Por ejemplo, puedes decirle a tu encargado de informática: "Te hago responsable de proteger la integridad de nuestros sistemas cibernéticos y protegernos de cualquier vulnerabilidad. Pero no puedes decidir cambiar ningún programa, implementar protocolos nuevos del equipo o proveer entrenamiento mandatorio de ciberseguridad a la organización."

Si no entregas autoridad con la responsabilidad, la delegación no va a funcionar. Si no estás listo para entregar la autoridad, no estás listo para entregar la responsabilidad.

Si no entregas autoridad con la responsabilidad, la delegación no va a funcionar.

RETOS EN
DIFERENTES ETAPAS

E n lo que tu agencia pasa por etapas de crecimiento, va a pasar por diferentes retos y tendrá que reinventarse si quiere continuar teniendo éxito en las próximas etapas de la organización. Hiroshi Mikitani, el fundador de una empresa japonesa que ahora tiene más de 12,000 empleados, reflexiona en las distintas etapas que pasa una organización basada en su tamaño con lo que llama su regla de 3 y 10.

La regla de 3 y 10 básicamente explica que cada vez que el número de personas en una organización suba a un número que inicia con 3 o 10, los sistemas que te funcionaron hasta el tamaño previo de la organización dejarán de funcionar. Según su regla, estos cambios ocurrirán con equipos de 3, 10, 30, 100, 300, 1000 personas y así consecutivamente.

En esta sección, vamos a utilizar estas divisiones de tamaño para explorar algunos retos específicos en cada etapa.

Equipo entre 1-3 personas

En la primera etapa, el primer reto al que te puedas enfrentar es por dónde iniciar.

Después de varias conversaciones con mi esposa, sobre si deberíamos iniciar una agencia y pasado mucho tiempo en oración, finalmente asumimos el reto. Oramos, dedicamos el proyecto a Dios y pasé un tiempo caminando el proceso de desarrollar una visión, enfoque y declaración de fe como te guie a hacer al inicio de este libro.

Incluso, después de considerar algunas alternativas, teníamos un nombre, Reflejo y diseñamos un logo. Poco después una página web fue creada.

Con el consejo de otra organización misionera con mucha experiencia, desarrollé un proceso de candidatura inicial que aseguraría poder evaluar concretamente los primeros candidatos que aplicarían a la agencia.

Ahora tocaba lo siguiente, reclutar a la primera persona (aparte de mí y mi esposa) que fuera parte de la organización. En nuestro caso ya habíamos lanzado antes un ministerio de movilización previo (que ahora es parte de Reflejo). Ese mismo nos dio el alcance para poder compartir con muchas personas acerca de la nueva agencia que estábamos lanzando e invitarlos a ser entre los primeros que fueran parte de ella.

Para empezar a funcionar la organización necesitaba candidatos al campo y un equipo de liderazgo y oficina que los acompañaran.

Las personas que podrían ser parte de esta segunda área (encargados de cuidado integral, entrenadores, supervisores de campo, administradores, etc.) se emocionaban por la misión y querían sumarse ya que podrían ayudar a los obreros. Sin embargo, cuando se enteraban que aún no había obreros para acompañar, no siempre estaban seguros como encajarían y no tomaban la iniciativa con seriedad.

Los candidatos que se conectaron con nuestra visión y dijeron que: sí, quiero salir con Reflejo, rápidamente preguntaban si la organización ya contaba con la capacidad de entrenarlos, enviarlos y cuidarlos en el campo, y, en este momento, Reflejo nunca lo había hecho.

El inicio fue un reto. Los posibles candidatos querían ver un equipo de envío listo para poder aplicar a la organización, y los posibles miembros de este equipo decían: cuando tengas varios candidatos comprometidos, avísanos.

Depende de si estás comenzando solo, o con un equipo pequeño inicial, puede que este sea un reto al que te enfrentas. No sé si es normal, pero sí puedo decirte que a mí me ocurrió. No obstante, perseveramos en el trabajo de lanzar la agencia y, compartiendo la visión constantemente, poco a poco ambos grupos comenzaron a incorporarse en la agencia uno tras otro.

Equipo entre 3-10 personas

Dudo que inicies con un equipo mayor a 10 personas, pero si este es el caso, asegúrate que operen como un equipo enfocado (con roles específicos y una jerarquía clara) y no un comité (donde no se otorga autoridad y peso a las opiniones de manera distinta basadas en la experiencia, dones y área de enfoque, sino que todos tienen que llegar a un consenso para tomar cualquier decisión). Es más probable que, desde las primeras personas que se suman a tu equipo hasta que llegue a tener 10 miembros, su experiencia sea la siguiente:

Una de mis partes favoritas de iniciar con un equipo pequeño era que la comunicación era muy fácil. Para un grupo de menos de 10 personas en que todos tienen que participar; un chat de mensajes instantáneos en una plataforma como WhatsApp es suficiente.

Es simple, inmediato y, como no son demasiados, no se sobrecarga de mensajes.

Agendar reuniones también es bastante simple. Si quieres coordinar una reunión de toda la organización, y toda la organización son cuatro personas, puedes agendarla para esta semana, y tomará 5 minutos para que todos coordinen tiempos y disponibilidad.

Decisiones grupales también van a poder ser tomadas rápidamente. Un mensaje en el chat grupal que diga: "Equipo, estas son las dos opciones para el anuncio de nuestro próximo evento. ¿A o B?" es suficiente para que todos den su opinión y ya. No hay comités, y la votación (si deseas votar en vez de decidir tú directamente) es simple y rápida.

Hay mucha flexibilidad. No tienes tradiciones establecidas, nadie va a decir "pero siempre lo hemos hecho así" o "¿por qué cambiarlo si no está roto?" Todo es nuevo así que todo (excepto tu visión, enfoque y declaración de fe) es negociable.

La cultura también es bastante casual, todos se conocen y todos están cómodos interactuando con los demás. Cuando llegas tú a la reunión, nadie se para, no hay desfile y lo más probable es que nadie vaya de corbata. ¿Para qué? A quién queremos impresionar si aún no hay nadie. ¿Y a quién admiramos si aún no se ha logrado gran cosa?

Todos toman el trabajo muy en serio, pero nadie se toma a sí mismo demasiado en serio. Esta es una etapa muy divertida y hay electricidad en el aire porque están creando algo nuevo y aún no saben si va a funcionar. Pero si funciona, saben que puede crecer a ser algo muy grande. Este no es un comité aburrido donde todos se tratan de usted, sino un grupo de forajidos atrevidos que están construyendo un barco con madera y cinta adhesiva en medio del mar.

Este no es un comité aburrido donde todos se tratan de usted, sino un grupo de forajidos atrevidos que están construyendo un barco con madera y cinta adhesiva en medio del mar.

Cuando recién comienzan, no va a haber mucha estructura en la organización. Todos se reportan a ti y tú estás encargado de entrenar y ayudar a cada miembro del equipo a desarrollar su rol directamente. ¿En resumen? De alguna manera u otra, tú estarás involucrado en todo y todo el equipo tendrá acceso directo a ti.

Como no tienen un equipo grande que se especialice aún, cada uno de los 6 miembros de tu agencia cumplirán entre 3 a 4 roles distintos. Comunicaciones y movilización puede que sean el mismo rol y la persona que entrena a los obreros es posiblemente la misma que recibe las aplicaciones de los candidatos y llama a todas sus referencias.

Como tú eres el visionario en el grupo, es probable que la mayoría de las ideas comiencen con tu iniciativa o como mínimo con tu permiso e involucramiento. Tu equipo en esta etapa también tendrá una alta tolerancia al riesgo, al fin y al cabo, la organización no tiene mucho que perder.

Equipo entre 10-30 personas

En esta siguiente etapa, muchas de las cosas que mencioné en la etapa previa ya no aplicarán. Para comenzar, ¿tu chat grupal que funcionaba para 10 personas? ¡Ahora es un caos! Diferentes grupos dentro de la organización necesitan tener conversaciones privadas sobre diferentes temas. Además, tu equipo tiene diálogos sobre varias áreas en paralelo y no conviene usar un chat continuo con todo mezclado.

Un servidor en una plataforma de chat como Slack o Discord va a ser un mínimo para poder crear múltiples canales de comunicación. Y, si quieres a esto integrarle correos electrónicos, un calendario y la capacidad de compartir archivos, es hora de buscar una herramienta de trabajo como G-Suite, Microsoft Teams, o Zoho.

Lo que quieres evitar (y te lo digo porque hicimos esto por demasiado tiempo antes de aprender) es utilizar diferentes herramientas para diferentes funciones y que tu equipo tenga que acabar aprendiendo 5 o más herramientas. Vale la pena invertir el tiempo en encontrar una buena herramienta que cumpla con todos tus requisitos y algunos de tus deseos.

En esta etapa de la organización, ya no puedes dirigir tú a todos directamente, y no deberías. Necesitas liberar tu tiempo para hacer las cosas que solo tú puedes hacer. Por lo tanto, necesitas formar equipos y eso significa desarrollar líderes. Puedes llegar a tener 10 personas en tu equipo sin formar líderes, pero si no aprendes lo importante que es hacerlo (y entre más pronto mejor), difícilmente llegarás a 30.

En esta etapa de la agencia, todavía te es fácil conocer a todos. Sin embargo, ya no todos tienen acceso directo para coordinar contigo. Va a haber personas en la organización que sean parte de un equipo con un líder, ese líder se reportará a ti y ellos a ese líder. No hay que pasar por encima del líder, sino empoderarlo.

Algo relacionado a todo esto es que ahora debes evitar la tentación de involucrarte en todo. El director de una agencia de 25 personas no debería estar en cada reunión, dirigir cada evento o diseñar cada anuncio para sus redes sociales. Hay áreas que nunca te gustaron que vas a estar feliz de dejar atrás (y va a haber alguien más de tu equipo que le encantan estas áreas), celebra esto.

Pero va a haber otras áreas que te gustan, que vas a extrañar y que, cuando estés aburrido en un día lento, vas a querer ir a meterte por tener algo que hacer. Resiste la tentación. Si no es algo que solo tú puedes hacer, no es algo que tú debes hacer. Por más que te guste. Por más que veas el trabajo del que lo está haciendo y sepas que tú lo puedes hacer mejor. Cierra la boca, date la vuelta, y vuelve a trabajar en tu contribución única.

Si no es algo que solo tú puedes hacer,
no es algo que tú debes hacer.

La energía y cultura de la organización van a cambiar un poquito. Todavía hay una cultura relativamente casual y hay flexibilidad, pero no como antes. Ahora también hay ciertos sistemas y reglas y no les agradan a todos.

Un cambio que sí va a gustarle a la mayoría (menos a ti porque quieres estar metido en todo), es que los roles de cada persona e incluso algunos equipos comienzan a especializarse. Ya hay personas a cargo de diferentes áreas. Va a ser importante ayudar a estas personas a identificar claramente dónde termina su rol y comienza el de alguien más.

También, fomentar una cultura de colaboración entre áreas de la agencia en lugar de aislamiento va a ser invaluable. Una tensión que puede crearte un reto aquí es el componente de seguridad y las barreras que puede crear si no sabes abordarlo. Este balance es un baile complejo, es uno que no siempre me ha salido bien a mí, tómalo en serio.

Va a ser importante que desarrolles sistemas que guíen a tu equipo. Un sistema significa que cada vez que ocurre algo, sabes cómo reaccionar y no tienes que decidir nuevamente. Las fórmulas para un buen sistema simple son: Si ocurre X, haz Y. Ejemplo: si el área de movilización identifica a un nuevo candidato que quiere aplicar, preséntalo a Susi de recursos humanos, ella se encargará del resto.

En esta etapa ya no estarás solo tú generando ideas innovadoras, otros en tu equipo las tendrán también, pero las ejecutarán solo dentro de sus áreas, aún no se ha establecido una cultura de innovación en la organización. Esto significa que los líderes van a sentirse cada vez más cómodos siendo creativos en sus áreas, pero no necesariamente ofrecerán o intentarán implementar ideas que incluyan múltiples áreas más allá de su autoridad.

La tolerancia al riesgo en la organización va a bajar un poco también. Tu equipo de forajidos sigue ahí, pero ahora también tienes a miembros del equipo con un perfil administrativo, enfocado en minimizar caos, y el riesgo puede sentirse como caos. Además, ahora sí sienten que tienen algo que perder.

Equipo entre 30-100 personas

Si tu agencia sobrepasa las 30 personas, ¡felicitaciones! No ha sido un camino fácil y seguro estás cansado y con algunas cicatrices. Pero todo ha valido la pena, porque ahora puedes ver cada vez más como tu visión se hace realidad. Celebra, pero no por mucho tiempo, ya que otra vez tus sistemas dejarán de funcionar y necesitarás hasta cierto punto reinventarte a ti mismo y a la organización.

Si aún no lo has hecho, tu agencia ahora sí necesitará un intranet. Como mínimo, necesitarás un sistema que funcione para mensajería instantánea, correos electrónicos, almacenamiento de archivos y un calendario. Es posible que quieras capacidades adicionales como un CRM (una herramienta para manejo de información de contactos) o diferentes integraciones. Si no tienes una persona de informática en tu equipo, probablemente ya es hora de conseguir a alguien; siquiera como consultor o a medio tiempo.

A este punto en tu agencia, distintos departamentos especializados van a volverse la norma. Es probable que algunos de ellos aún sean un departamento de solo una persona (informática, por ejemplo), y eso no varíe durante toda esta etapa. Sin embargo, otras áreas en tu agencia, campo, por ejemplo, ahora requiere otros roles; aparte del líder del departamento va a necesitar líderes regionales o como mínimo líderes de equipos locales.

Estos líderes nuevos no se reportan a ti sino a personas en tu equipo. Esto significa que tú tienes un nuevo reto que conquistar si aún no lo has hecho. Ya sabes formar líderes, si no, no habrías llevado tu agencia tan lejos. Pero, ¿sabes formar líderes que formen líderes? Esto puede ser una nueva habilidad y una que deberás invertir mucho tiempo para ejecutar con excelencia; va a marcar la diferencia en el futuro de tu agencia.

A través de este proceso vas a comenzar a darte cuenta que conocer a todos íntimamente como antes se hace cada vez más y más difícil. Si un día te das cuenta que ya no sabes los nombres de las esposas e hijos de todos los miembros de tu equipo como cuando tenías 6 miembros en el equipo, es entendible. Ahora tienes 60 miembros.

En esta etapa de tu agencia, tu equipo debería poder completar el proceso de reclutar un nuevo miembro al equipo y entrenarlo completamente sin necesitar tu ayuda o involucramiento. Si no te sientes cómodo empoderándolos a este nivel aún, puede ser por una de dos razones:

En esta etapa de tu agencia, tu equipo debería poder completar el proceso de reclutar un nuevo miembro al equipo y entrenarlo completamente sin necesitar tu ayuda o involucramiento.

Una, es que tengas un equipo incapaz en ciertas áreas y debes identificar las metas que deben cumplir, entrenarlos y empoderarlos. Si no quieren o no pueden aprender, probablemente les has dado más responsabilidad de la que son capaces de manejar. En este caso, es momento de buscar otro lugar en la organización para ellos y a otra persona con más capacidad para el rol de liderazgo.

La otra opción es que tengas un equipo excelente y capaz y te cuesta a ti el confiar y soltar. Este no es un problema de tu equipo, sino un conflicto interno tuyo. Sea inseguridad, perfeccionismo, o simplemente porque es algo que te gusta hacer, te estás volviendo un cuello de botella. Confía en tu equipo y deja de micro- gestionarlos, lo más probable es que, siquiera a algunos, esto los está volviendo locos.

Si has hecho esta transición exitosamente, miembros nuevos de tu equipo no te habrán necesariamente conocido durante su proceso de candidatura. Te conocerán ya dentro de la organización como el presidente de la organización, o puesto en términos referentes a su rol, el jefe de su jefe (puedes cambiar jefe por supervisor o líder si te suena más espiritual).

Tu experiencia de una cultura casual en la organización comienza a disminuir en esta etapa. Nuevos miembros del equipo van a mirarte con asombro o incluso reverencia. Jamás dejes que se te suba a la cabeza. Toda la gloria debes redirigirla a Dios. Siempre. Sin excepciones.

Toda la gloria debes redirigirla a Dios. Siempre. Sin excepciones.

John Maxwell tiene una práctica muy buena cuando termina de dar una charla y lo aplauden en lo que sale del escenario. Él se dice a sí mismo: *"No te están aplaudiendo a ti sino a tus dones, y esos te los dio Dios."*

¿Por qué no debes estar involucrado en el proceso de nuevos candidatos? Por la misma razón que debes estar delegando la mayoría de tus responsabilidades previas a tu equipo. Teniendo un equipo, tu rol ya no debe ser el de trabajar dentro de la organización (en el día a día) sino trabajar en cómo mejorar la organización (a largo plazo).

Tu agencia es como una ola que va creciendo y creciendo y tendrás dos opciones: o te puede pasar por encima y aplastarte o tú puedes flotar sobre la ola. Mientras puedas adelantarte a los cambios, problemas, oportunidades y amenazas que ves venir en la organización, la ola no te aplastará. Pero si dejas de mirar al futuro porque estás con la cabeza metida en el día a día, pronto te encontrarás dando vueltas en medio del mar desorientado y preguntándote cómo llegaste ahí.

Si dejas de mirar al futuro porque estás con la cabeza metida en el día a día, pronto te encontrarás dando vueltas en medio del mar desorientado y preguntándote cómo llegaste ahí.

Durante esta etapa, si aún no has desarrollado las áreas de recursos humanos, informática y relaciones con donantes, probablemente ya es hora de invertir en ello.

Como la organización sigue creciendo y tu rol en el día a día debe disminuir va a ser crucial que repliques el ADN que llevas dentro, con el que formaste la organización, a tu equipo. Esto es algo que debes haber estado trabajando desde el comienzo, pero una meta muy importante en esta etapa es que dejes de ser tú la fuente de innovación y creatividad y que institucionalices innovación a través de tu equipo creando sistemas y paradigmas que los ayuden a ser innovadores. Si no estás seguro de cómo hacer esto, uno de los mejores libros que he encontrado que explora este proceso a detalle es *Ciclos de vida de la organización* por Ichak Adizes.

También debes invertir mucho tiempo desarrollando a tu equipo nuclear de liderazgo. Estos son los líderes que dirigen cada área o departamento y se reportan directamente a ti. Una tentación para ellos cuando vengan a las reuniones de liderazgo va a ser representar a su departamento como equipo primario y venir a abogar por ello en la reunión grupal. Va a ser importante que este equipo de líderes se vea como el equipo primario al que tienen lealtad y todos velen por el bienestar de los demás y sus equipos en vez de aislarse en el organigrama. Un excelente libro que te ayuda a entender y navegar esta dinámica es: *Las cinco disfunciones de un equipo* por Patrick Lencioni.

La agencia ahora es más establecida y tienen mucho más que perder; así que sería fácil dejar de innovar y correr riesgos. Tristemente esto les pasa a muchas organizaciones y comienzan a envejecer rápidamente y perder relevancia. Para evitar que esto ocurra, deberás trabajar con tu equipo para definir parámetros de lo que es un riesgo aceptable, lo que tu agencia puede tolerar.

Un buen marco de referencia para evaluar riesgo es clasificarlo como riesgo por encima o por debajo del nivel del agua. Imagínate que estás en un barco en el medio del mar y de repente un cañón le dispara a tu barco y causa un hueco. Si el hueco está bajo el nivel del agua el barco comenzará a hundirse. Pero si está sobre el nivel del agua, realmente no es un problema y será fácil de reparar.

Cuando tu equipo considere tomar un riesgo, evalúen si el peor escenario que temen está por encima o por debajo del nivel del agua. Si el problema hundiría tu agencia, no tomes el riesgo. Pero si causaría solamente un hoyo sobre el nivel del agua, asumir ese riesgo no será un problema y deberían intentarlo.

Esta es la etapa organizacional donde nuestro equipo en Reflejo está, por lo tanto, por ahora, me temo que no puedo sumar mucho a una conversación referente a una agencia de 100+ personas con autoridad.

CAPÍTULO

12

ALGUNOS ATAJOS

Llegando casi al final de este libro, te habrás dado cuenta que el proceso de formar una agencia misionera es un trabajo largo y arduo. Sin embargo, hay atajos que puedes tomar en ciertas áreas que pueden ayudarte a llegar más lejos, más rápidamente y en algunos casos, con costos más bajos. Aquí menciono algunos de los atajos que hemos utilizado nosotros en diferentes momentos de la organización que pueden ayudarte en tu progreso.

Equipo

Uno de los primeros y mejores atajos que aprendí es invitar a voluntarios. Voluntarios, si los sabes entrenar y empoderar bien, pueden ser tu arma secreta. Los voluntarios pueden incluir a personas ayudando con tareas simples en tu agencia o con áreas altamente especializadas.

Voluntarios, si los sabes entrenar y empoderar bien, pueden ser tu arma secreta.

Dos ejemplos de Reflejo que vienen a la mente muestran este rango. El primero incluye un gran número de voluntarios que tenemos que son bilingües entre español e inglés y nos ayudan a traducir recursos. Ellos están organizados en equipos de trabajo y, dependiendo del tipo de recurso necesario y el nivel de complejidad del idioma, están listos para responder.

El segundo ejemplo es el de una voluntaria que proporciona asesoramiento profesional para organizaciones y está certificada con la prueba Birkman, una herramienta que utilizamos para evaluar a nuestros candidatos previo a sumarse a Reflejo. Cada vez que un candidato toma el Birkman ella nos ayuda a interpretar los resultados y explicárselos al nuevo candidato y al equipo que lo evalúa. Si necesitáramos mantener a alguien del equipo certificado en Birkman, esto implicaría una inversión grande de tiempo para este miembro del equipo y miles de dólares anualmente.

Otra área referente a miembros del equipo que mencionamos previamente, pero quiero reiterar, es que no siempre necesitas contratar a nuevos miembros del equipo a tiempo completo. El trabajo a medio tiempo, tercerización, por proyecto o por hora pueden ser buenas alternativas que son más económicas y te dan la oportunidad de evaluar la capacidad de alguien antes de incorporarlo plenamente.

Alianzas estratégicas

Una estrategia que puede traer beneficios increíbles es desarrollar la colaboración y alianzas con otras organizaciones. Una alianza con otra organización que sea mutuamente beneficiosa va a acelerar tu progreso significativamente. Algunas de las áreas en las que pueden apoyar es proveerte experiencia en la forma de consultoría, mentoreo o recursos de entrenamiento para tu equipo.

También es posible formar una alianza con una agencia receptora que te ayude a establecer obreros de tu agencia en el campo. Esto puede llegar a ser un modelo permanente o solamente temporal mientras estableces la capacidad receptora de tu agencia.

Alianzas con organizaciones que te patrocinen específicamente en el área de finanzas es algo muy útil y hasta necesario al inicio de tu agencia. Es factible que esto tome varias formas, como darte asesoría en áreas de levantamiento de finanzas organizacionales, presentarte en círculos de potenciales donantes y fundaciones donde previamente no tenías acceso, o incluso ayudarte a levantar fondos para lanzar tu agencia o un proyecto específico.

Otra área donde organizaciones socias pueden ayudarte es darte acceso a utilizar las plataformas que ellos tienen. Esto puede ser en forma digital como al darte acceso a herramientas virtuales que funcionan para ellos para que puedas aprovecharlas, o puede referirse a plataformas literales como, por ejemplo, invitaciones para compartir sobre tu ministerio en una conferencia o evento que ellos organizan.

Hay una infinita cantidad de otras opciones donde la colaboración con otra organización puede ser útil y una solución efectiva. ¡Te animo a pensar creativamente en esta dirección!

Integración ministerial

Si desarrollas toda la infraestructura descrita en este libro que puede equipar y cuidar a obreros y ministerios, es probable que comiences a encontrarte con obreros que ya tienen ministerios establecidos con cierto nivel de éxito y que buscan cobertura, apoyo e infraestructura adicional para poder desarrollar más plenamente su ministerio.

Si el ministerio que han desarrollado cae bajo el enfoque y visión de tu agencia, y el obrero es alguien que teológicamente y en su filosofía ministerial está alineado con tu agencia, tal vez sea una buena idea brindarle la cobertura organizacional que busca.

Tecnología

Al inicio de nuestro trabajo de movilización hacia países de acceso creativo, no sabíamos bien cómo navegar un ministerio sensible a los peligros latentes en esas áreas junto con un perfil organizacional público en redes sociales. Por lo tanto, por mucho tiempo, evitamos tener cualquier nivel de presencia digital.

Una vez invertimos el tiempo en crear sistemas y procesos para ayudarnos a manejar redes sabiamente sin poner en riesgo la obra, el alcance de la organización creció exponencialmente de inmediato. Si sabes aprovechar las redes sociales y otros medios de comunicación masivos, tu impacto puede crecer de una manera increíble.

Otras herramientas tecnológicas que nos han sido muy útiles incluyen API o automatizaciones simples. Hace unos años nuestro equipo en RAP comenzó a incorporar automatizaciones en sus procesos administrativos para incrementar la efectividad y agilidad del ministerio.

Poco después vino la crisis en Afganistán donde el Talibán tomó control del país y RAP se vio en medio de organizar muchos eventos e iniciativas de intercesión y cooperación por la crisis. Durante ese mes, la herramienta de API que utilizamos cumplió casi 5000 tareas administrativas (como enviar correos, agendar citas, mandar recordatorios, etc.). Esto significa que el equipo tuvo 5000 cosas menos que hacer para así poder enfocarse en responsabilidades esenciales durante una época crítica en la historia de Afganistán.

Otra herramienta más nueva, pero con potencial similar es la inteligencia artificial que interactúa con lenguaje natural. Herramientas como ChatGPT que están comenzando a volverse populares se han vuelto extremadamente útiles en ciertas tareas en áreas como las de creación de contenido y programación si uno sabe utilizarlas correctamente.

Errores a evitar

Hay muchos errores que puedes cometer al desarrollar tu agencia originalmente. Aquí quiero mencionar dos errores que puedes cometer si no eres cuidadoso. Ambos atacan directamente la sostenibilidad de tu nueva organización.

El primer error que es fácil de cometer es el de sobre comprometer a tu agencia. Cuando recién creas la agencia, es normal no saber exactamente cuáles van a ser sus límites, capacidades o fortalezas en el futuro. Sin embargo, en el proceso de colaborar con otras organizaciones o iglesias en el envío de obreros al campo, es probable que varias oportunidades o posibles acuerdos te sean presentados que no sean saludables para tu agencia.

Hay oportunidades que simplemente no van a ser buenas y debes evitarlas. También vas a encontrarte con oportunidades que debes explorar, pero la primera versión de la idea presentada a tu agencia no va a ser sostenible para ustedes a largo plazo y necesitará ser modificada. Ten cuidado de no comprometerte a ti ni a tu agencia a cumplir con compromisos que no son sostenibles ni beneficiosos al futuro de tu agencia.

Otro posible error que ataca la sostenibilidad de tu organización es el de estrecharla demasiado financieramente. Esto puede ocurrir porque desarrollas un modelo ministerial que depende de demasiadas finanzas para producir fruto o porque has sobrecargado el presupuesto con gastos recurrentes (la nómina de la organización, por ejemplo) que van a demandar que ocupes demasiado tiempo tuyo levantando finanzas para cumplir. Quieres mantener a tu agencia lo más ágil posible en el aspecto financiero.

Un ejemplo en Reflejo es que a pesar del tamaño que tenemos hoy, nunca hemos contado con una oficina física que alquilamos para el trabajo de la organización. El no tener un alquiler que cubrir es una carga menos para el presupuesto y nos hemos dado cuenta que no necesitamos un espacio permanente.

Es mucho más fácil y económico reunir al equipo en un restaurante o cafetería ocasionalmente para trabajar en proyectos juntos, y el hecho de que decidamos tener una reunión del equipo hoy, no significa que nos demanda hacerlo otra vez mañana o el próximo mes así generándonos un gasto recurrente.

CAPÍTULO

¡FUEGO!

espués de escribir más de 40,000 palabras acerca de cómo formar una agencia misionera, no queda mucho más por decir. No me malentiendas, este libro podría tener cientos de páginas más y aun así no respondería a todas las preguntas que puedes tener acerca de cómo formar una agencia misionera. Nunca vas a tener toda la información que deseas:

Este proceso requiere fe.

Lo que sí puedo celebrar, es que este libro cumplió mi deseo inicial al comenzar a escribirlo: ahora que lo has leído, tú estás mucho mejor preparado para iniciar una agencia misionera que lo que yo estuve al iniciar Reflejo. Y esa realidad me inspira, no porque tengas la oportunidad de seguir mis pasos, sino porque tienes la oportunidad de construir algo aún mejor para futuras generaciones.

Si has llegado a este punto en la lectura de este libro, estoy convencido que es porque Dios te está invitando a cumplir un propósito específico.

Él te ha dado una visión.

Una visión que, si se cumple, glorificará a Dios.

Una visión que el mundo necesita.

Pero ahora tienes una decisión que tomar. Tanto como puedes leer 1,000 libros sobre evangelismo y eso no llevará ni un alma al cielo, si no aplicas lo aprendido en este libro, me temo que has perdido tu tiempo.

Ya juntos hemos dicho: "¡Listos! ... ¡Apunten! ..." Lo que sigue, el gritar ¡Fuego!, depende de ti. Para concluir, te dejo con una parábola del Maestro en Mateo 21:28-31a (NTV):

¿Pero qué piensan de lo siguiente? Un hombre con dos hijos le dijo al mayor: "Hijo, ve a trabajar al viñedo hoy,"

El hijo le respondió: "No, no iré," pero más tarde cambió de idea y fue.

Entonces el padre le dijo al otro hijo: "Ve tú," y él le dijo: "Sí, señor, iré," pero no fue.

¿Cuál de los dos obedeció al padre?

LISTA DE REFERENCIAS

Adams, G. (2021, June 7). *The Four Levels of Delegation*. Gavin Adams. Retrieved August 29, 2023, from https://gavinadams. com/the-four-levels-of-delegation/#

Hanna, D. P. (1988). *Designing Organizations for High Performance*. Addison-Wesley Publishing Company.

Lane, D. (2006). *Administración eficaz de una agencia misionera: un manual elaborado desde y para el tercer mundo, indispensable para la creación y la administración de estructuras de envío misionero*. Clie.

Maxwell, J. C. (2012). *The 15 Invaluable Laws of Growth*. Center Street.

Maxwell, J. C. (2022). *The 21 Irrefutable Laws of Leadership: Follow Them and People Will Follow You*. HarperCollins Leadership.

Reflejo. (2020, April 1). *Reflejo*. Reflejo. Retrieved August 29, 2023, from http://reflejo.org

Winter, R. (1973, 8 1). *The Two Structures of God's Redemptive Mission*. The Two Structures of God's Redemptive Mission. Retrieved August 29, 2023, from https://frontiermissionfellowship. org/uploads/documents/two-structures.pdf

ACERCA DEL AUTOR

David A. Matthews es el fundador de Reflejo, una agencia misionera que moviliza, entrena, envía y cuida a misioneros latinos enfocados en crear movimientos del evangelio entre los no alcanzados. Previo al lanzamiento de Reflejo, David fundó RAP, la Red de Adopción por los Pastunes (ahora parte de Reflejo), un ministerio de movilización enfocado en activar a la iglesia latinoamericana en alcanzar a los pastunes de Afganistán y Pakistán. Desde su inicio en el 2018, Reflejo ha crecido a tener más de 30 miembros y 200 voluntarios operando en 19 países. David y su esposa Sarah viven en Ciudad de Panamá.

APÉNDICE A: LISTA DE HERRAMIENTAS DIGITALES

A través del libro he aludido a muchas distintas herramientas digitales que serán necesarias para las operaciones de tu agencia. Aquí incluyo una lista resumida de recomendaciones que te recomendaría explorar.

Algunas de estas herramientas son completamente gratuitas, y otras que tienen un costo tienen una versión mínima gratuita con la que puedes iniciar. Si tu agencia está registrada en Estados Unidos como una organización 501(c)3, varias de estas herramientas proporcionarán un descuento.

Bitwarden: un gestor de contraseñas que puede crear, almacenar, utilizar e incluso compartir claves relevantes con tu equipo de una manera cifrada y segura.

Canva: una plataforma de diseño gráfico que cualquier miembro de tu equipo puede aprender con facilidad.

ChatGPT: inteligencia artificial que interactúa contigo utilizando lenguaje natural. Es muy útil como herramienta para ayudarte a escribir y editar información para diferentes usos.

Discord: una plataforma de mensajería instantánea que cuenta con tanto un programa de computadora como con una aplicación. Te permitirá crear un servidor donde puedes invitar a todo tu equipo y conversar en múltiples canales de diferentes temas con diferentes miembros del equipo (similar a Slack).

DonorElf: una herramienta para ayudar a un misionero a gestionar la información de donantes y donaciones. Funciona en todos tus dispositivos y puede integrarse con programas de contabilidad utilizados por tu organización.

Facebook Business Manager: el gestor de Facebook para tu organización. Aquí podrás evaluar el alcance de tu organización en las diferentes redes de Meta al igual que crear y modificar campañas promocionales.

Fiverr: una página web donde puedes encontrar y contratar a trabajadores por proyecto que puedan ayudarte con diseño gráfico, creación de contenido o desarrollo de tu página web.

Google My Business: si tu organización cuenta con una oficina física, puedes utilizar esta herramienta para que aparezca en Google Maps.

G-Suite: el mundo de Gmail, Calendar, Drive, Docs, Meet y Chat entre otras características. G-Suite puede ser una alternativa que le gustaría considerar para tu espacio de trabajo virtual. Sin embargo, siempre ten en cuenta tus necesidades de seguridad y privacidad.

Mailchimp: una herramienta para la distribución de correos masivos; te ayudará a mantener tu base de contactos para distribución, crear correos dentro de la misma plataforma, y enviarlos con una personalización automática a cientos o miles de contactos inmediatamente.

Microsoft Teams: La versión de Microsoft es otro espacio de trabajo virtual, esta puede ser una buena alternativa para tu organización. Parece tener una mejor reputación con respecto a la privacidad en comparación con G-Suite. Sin embargo, para seleccionar uno, siempre tenga en cuenta sus necesidades de seguridad y privacidad.

Moodle: una herramienta gratuita desarrollada para poder crear y ofrecer cursos diseñados para el aprendizaje virtual y a distancia; es muy robusta y con muchas funcionalidades.

NextCloud: un espacio de trabajo digital que tu organización podrá incorporar en un servidor propio si desea. Es comparable a las otras opciones cuando se incorporan integraciones a la herramienta.

Private Internet Access: un VPN o túnel para poder cifrar tu navegación por internet. Un requisito para la mayoría de contextos de acceso creativo y una recomendación para tu equipo entero para que pueda mantener buena privacidad cibernética.

QuickBooks: una herramienta de contabilidad enfocada en proveer soluciones para negocios pequeños y medianos.

Remitly: una herramienta para envío internacional de dinero directamente a cuentas bancarias y significativamente más económico que las transferencias bancarias internacionales.

Shutterstock: un proveedor de fotos, música o vídeos de stock con una colección muy amplia.

Signal: una aplicación de mensajería instantánea cifrada.

Slack: una plataforma de mensajería instantánea que cuenta con un programa de computadora y con una aplicación. Te permitirá crear un servidor donde puedes invitar a todo tu equipo y conversar en múltiples canales de diferentes temas con diferentes miembros del equipo (similar a Discord).

Squarespace: una herramienta muy fácil de usar donde podrás crear páginas web.

TNTware: una herramienta gratuita y descargable a tu computadora para el manejo de contactos de donantes, particularmente útil durante el levantamiento personal de fondos de los obreros que envía tu organización.

Tutanota: una plataforma de correos electrónicos cifrados que podrás utilizar seguramente para comunicarte con tus obreros de campo en áreas sensibles. Para que el cifrado funcione, ambos correos deben ser cuentas de Tutanota.

Upwork: similar a Fiverr, podrás encontrar talento profesional que puedes contratar por proyecto en áreas variadas como contabilidad, programación, diseño, apoyo administrativo y más. Algo muy útil en Upwork es que te deja traer tu propio talento, por lo tanto, si tienes un miembro de tu equipo en otro país donde no tienes la manera de emplearlo bajo tu estructura, es posible tercerizarlo a través de Upwork.

Vimeo: una herramienta para almacenar y compartir videos.

YNAB: una herramienta de contabilidad útil para finanzas personales y organizaciones pequeñas.

Zapier: una herramienta que te permite integrar flujos de trabajo entre muchos otros programas o herramientas independientes creando automatizaciones.

APÉNDICE B: LISTA DE AGENCIAS DE APOYO

En esta sección quiero resaltar una lista de organizaciones y ministerios que caerían bajo la categoría que llamo agencias de apoyo. No he incluido a agencias misioneras enviadoras o receptoras, o seminarios, centros de entrenamiento o ministerios de movilización, aunque varios de ellos tienen recursos excelentes que pueden servir para apoyarte.

Las siguientes agencias de apoyo son organizaciones que proveen algún recurso, servicio o entrenamiento muy específico que puede ser útil para tu agencia.

Las he seleccionado porque al interactuar con ellas, noto profesionalismo, excelencia en su área de enfoque y capacidad para ayudar a aún más ministerios. Ninguna de las organizaciones mencionadas en esta sección ha contribuido financieramente de ninguna manera para tener un espacio en esta lista:

Allegro Solutions: Allegro provee apoyo administrativo e infraestructura para ministerios comenzando su jornada ministerial mientras caminas el proceso de desarrollar la infraestructura de tu organización. Para agendar una cita con un representante de Allegro puedes ir a allegrosolutions.org.

Birkman: una compañía (no es un ministerio) que ha desarrollado una evaluación extensa que ayuda a evaluar la personalidad, tendencias, expectativas y estresores para un individuo. La prueba provee un reporte muy útil para evaluar a un potencial obrero o candidato para tu organización. Para más información sobre Birkman, entra a birkman.com.

Crisis Consulting International: un proveedor experto en soluciones de seguridad incluyendo servicios de evaluación de riesgo y respuesta a crisis. Para contactarte con CCI, ve a cricon.org.

COMIBAM: La Cooperación Misionera Iberoamericana es una red Iberoamericana con redes nacionales establecidas en 24 países donde tu organización encontrará una comunidad donde conectarse y colaborar con el movimiento misionero iberoamericano. También tienen movilización, capacitación, envío, cuidado integral y campo como áreas de enfoque donde pueden proveer asesoría, recursos y oportunidades de crecimiento. Para aprender más de COMIBAM, puedes ir a la página comibam.org y para recursos de cuidado integral, vé a cuidadointegralcomibam.blogspot.com.

Concilium: una organización establecida como expertos en manejo de riesgo y seguridad desde una perspectiva bíblica. Ofrecen entrenamientos y consultoría para organizaciones en el ámbito de seguridad física. Para más información ve a concilium.us.

Conexión Training: una organización que facilita entrenamiento cultural y lingüístico para misioneros. También cuentan con un programa de inmersión en inglés por unos meses para ayudar a obreros que necesitan dominar el idioma previo a su salida al campo. Visítalos en conexiontraining.org.

Cultura Financiera: una organización de educación financiera personal y para organizaciones y ministerios. Tienen recursos y cursos que pueden ser útiles en entrenar a obreros en el manejo de finanzas y un presupuesto personal o ministerial al igual que brindar asesoría estratégica en áreas financieras para tu organización. Para más información, visita culturafinanciera.org.

CultureBound: un ministerio que provee entrenamiento enfocado en el aprendizaje de idiomas y cultura para obreros y organizaciones misioneras. Para más información puedes ir a culturebound.org.

Global Member Care Network: un grupo en Facebook donde personas que trabajan en cuidado integral de obreros pueden interactuar tanto en español como inglés en temas relevantes a cuidado integral. Se puede hacer preguntas, pedir y compartir recursos, encontrar eventos y mucho más. Puedes unirte en facebook.com/groups/globalmembercare/.

Joshua Project: una base de datos interactiva con estadísticas de cada grupo étnico. Puede proveer información relevante para identificar áreas no alcanzadas donde tu organización puede enfocarse. Puedes visitarlos en joshuaproject.net.

Linking Global Voices: una red de directores de redes ministeriales. Su página web incluye una base de datos de cientos de redes ministeriales a través del mundo y descripciones de su enfoque. Para acceder a la lista, ve a linkingglobalvoices.com.

Missio Nexus: una red para directores y liderazgo ejecutivo de agencias misioneras en Estados Unidos. Missio Nexus busca desarrollar recursos relevantes para directores de agencias misioneras y crear oportunidades de conexión y una comunidad entre ellos. No estoy seguro de su capacidad para proveer oportunidades de entrenamiento y conexión en español. Para más información sobre Missio Nexus, visita missionexus.org.

Mission Increase: provee asesoría y soluciones a organizaciones y ministerios deseando desarrollar su estructura, comunicarse mejor con sus donantes y alcanzar un impacto más extenso. Pueden proveer entrenamientos, herramientas y consultoría personalizada en varias áreas de tu organización relacionadas a desarrollar la capacidad de tu ministerio. No estoy seguro cuantos de estos servicios están presentemente accesibles en español. Para más información ve a missionincrease.org.

Missionary Care: una base de datos con recursos e información en varios temas relevantes al cuidado de misioneros. Puedes encontrar todos estos recursos en missionarycare.com/espanol.html.

Scriptures in Use: un ministerio enfocado en proveer entrenamiento en oralidad y cómo compartir el evangelio y discipular en culturas orales. Para más información, visita scripturesinuse.org.

StartChurch: si decides registrar tu organización en Estados Unidos como una 501(c)3, StartChurch puede caminar contigo todo el proceso de principio a fin contigo y tu junta directiva.

Con algunas respuestas específicas, ellos crean y completan toda la documentación para que tu organización esté propiamente registrada. También proveen otros productos que brindan soluciones a procesos relevantes a la junta directiva de la organización. Para aprender más de StartChurch, ve a startchurch.com.

Stewardship Ambassadors: provee entrenamiento y acompañamiento para misioneros durante su proceso de levantamiento de fondos. También pueden proveer asesoría a organizaciones en su proceso de desarrollar una base de donantes para la organización. Para más información ve a partnershipdevelopmentschool.org.

TalentTrust: un proveedor de seguros médicos internacionales para misioneros viviendo fuera de sus países de origen. Incluye descuentos grupales que tu organización puede aprovechar. Para más información ve a talent-trust.com.

Via: previamente el Centro para Movilización Misionera, Via tiene recursos de entrenamiento excelentes para el levantamiento de fondos personales para misioneros. Puedes aprender más en vianations.org.

VisionSynergy: una organización enfocada en promover colaboración entre ministerios enfocados en la Gran Comisión. Si tu ministerio está buscando asesoría en el área de colaboración, aprender cómo desarrollar redes ministeriales, o tener contacto con redes misionales en áreas específicas, puedes contactarte con ellos en visionsynergy.net.

APÉNDICE C: LISTA DE LIBROS RECOMENDADOS

Ahora que estás por embarcarte en esta jornada de levantar una nueva agencia misionera, estás embarcando en un proceso de aprendizaje continuo para tener éxito. Te recomiendo los siguientes libros como lecturas adicionales en áreas relevantes y necesarias para tu nuevo rol. Los libros están organizados alfabéticamente por título, no por relevancia o prioridad. Todos estos libros están disponibles en amazon.com

NOTA: varias de las descripciones han sido tomadas en parte o completamente de los materiales de promoción para los libros respectivos.

Ciclos de vida de la organización – Ichak Adizes

Cada organización tiene un ciclo de vida que pasa por ciertas etapas. En este libro, Adizes te enseñará cuáles son las etapas que toda organización pasa, cómo desarrollar una organización madura, y evitar que envejezca y se vuelva irrelevante.

Cómo construir una StoryBrand – Donald Miller

Durante la formación y crecimiento de tu agencia, vas a necesitar comunicar tu visión y varias historias de la organización con personas que quieres inspirar (intercesores, voluntarios, obreros, donantes). En este libro, Donald Miller nos comparte un excelente modelo para aprender cómo compartir historias que dirijan a tu audiencia a la acción.

Desarrolle los líderes que están alrededor de usted – John Maxwell

Tu sendero para lograr el éxito, al igual que el de su equipo, será determinado por la medida de eficacia en que miembros de tu equipo son capacitados y desarrollados como líderes. John te ayudará a identificar, capacitar y ser mentor de líderes dentro y fuera de tu organización, crear una cultura de liderazgo en su organización y mucho más.

El líder emocionalmente sano – Peter Scazzero

En este libro, Peter te enseñará cómo lograr una armonía entre la vida personal y la vida de liderazgo. Cubre temáticas como: ser conscientes de sus emociones, procesarlas y adecuarlas; lograr un ritmo de trabajo adecuado, eficiente y sano; entre otras áreas.

Empieza con el porqué – Simon Sinek

Para Sinek, lo importante no es tanto qué es lo que haces como por qué lo haces. Lo esencial es saber por qué haces lo que haces, por qué existes. Aprender a formular las preguntas adecuadas te permitirán tener una organización inspiradora, proyectos innovadores y gente comprometida para desarrollarlos. Sinek explica cómo crear el marco adecuado en una organización para conseguir esos propósitos.

Empreliderazgo – Dave Ramsey

Dave Ramsey, un emprendedor cristiano, llevó a su compañía desde cero hasta tener más de 1,100 empleados y generar 300 millones de dólares anuales. En su libro, EmpreLiderazgo, Ramsey explica prácticamente los principios que lo llevaron a tener éxito en diferentes áreas de dirigir una empresa.

Hábitos atómicos – James Clear

Antes de poder liderar a otros, necesitas saber liderarte a ti mismo. James Clear nos brinda fantásticas ideas basadas en investigaciones científicas, que le permiten revelarnos cómo podemos transformar pequeños hábitos cotidianos para cambiar nuestra vida y mejorarla.

La formación de un líder – Robert Clinton

Después de examinar la vida de cientos de líderes bíblicos, históricos y contemporáneos, el doctor J. Robert Clinton obtuvo una perspectiva muy clara de cómo se forman los líderes a lo largo del tiempo. Al estudiar las seis distintas etapas que el autor identifica en este libro, usted podrá: reconocer y responder a la formación de Dios en su vida, determinar en dónde se encuentra usted en el proceso de desarrollo de liderazgo, identificar a otros con características de liderazgo y dirigir el desarrollo de líderes futuros.

Las 15 leyes indispensables del crecimiento – John Maxwell

Después de 50 años enfocado en aprender sobre el desarrollo personal, John Maxwell comparte todo lo que ha cosechado acerca del autodesarrollo, para que tengas las mayores posibilidades de llegar a ser la persona para la que fuiste diseñado por Dios.

Las cinco disfunciones de un equipo – Patrick Lencioni

En Las cinco disfunciones de un equipo, Patrick Lencioni nos cuenta historias sobre el mundo complejo y fascinante de los equipos de trabajo. Esta novela nos revela los cinco problemas que aún impiden que los equipos más brillantes funcionen. Patrick propone un buen modelo y unos pasos prácticos para superar esos obstáculos y construir un equipo cohesivo y eficaz.

Los líderes comen al final - Simon Sinek

Tu equipo da su mejor contribución a la organización cuando se sienten bien cuidados y en un ambiente seguro. En este libro, Sinek explora por qué el liderazgo es necesario, cómo debe funcionar y los errores en los que podemos caer y abusar de nuestra posición.

Más allá de la iglesia local – Sam Metcalf

Sam construye en el trabajo de Ralph Winter, Tim Catchim y Alan Hirsch para compartir de una manera simple y accesible sobre APEPM y las dos estructuras de la iglesia: modalidad y sodalidad. En este libro, él demuestra la legitimidad bíblica de estas estructuras y perfiles y nos comparte el porqué es crucial que entendamos y aprovechemos el perfil apostólico y la sodalidad para la misión. Descargable gratis en la página web de reflejo.org/es/recursos

APÉNDICE D: OTROS MINISTERIOS DE REFLEJO

A través de este libro ya has leído un poco sobre Reflejo y nuestra historia. Si deseas saber más de alguno de los ministerios de Reflejo que mencionamos durante el libro, nos encantaría escuchar de ti:

Reflejo

Para saber más de Reflejo, nuestra agencia misionera, visítanos en reflejo.org o escríbenos a info@reflejo.org.

Latinos Alcanzando a Tayikos con el Evangelio (LATE)

Un movimiento latino enfocado en activar a la iglesia latina para alcanzar a los tayikos con el evangelio. Visítanos en tayikos.org o escríbenos a late@reflejo.org.

Red de Adopción por los Pastunes (RAP)

Una red enfocada en movilizar y equipar a la iglesia latina para hacer el evangelio accesible a los pastunes. Visítanos en pastunes.org o escríbenos a rap@reflejo.org.

Vida Plena

El departamento de cuidado integral de nuestra agencia, está enfocado en ayudar a cada misionero a vivir y ministrar desde una vida plena y abundante en intimidad con Jesús. Para comunicarte con Vida Plena, escribe a vidaplena@reflejo.org.

¡Felicitaciones por terminar el libro!

Ahora que comienza el verdadero trabajo de formar tu agencia misionera, te animo a que revises todas las herramientas que tenemos disponibles para ti en:

100misioneros.com

www.ingramcontent.com/pod-product-compliance
Lightning Source LLC
Chambersburg PA
CBHW070703130626
46553CB00005B/1811